浙江自然资源与环境统计年鉴

ZHEJIANG NATURAL RESOURCES AND STATISTICAL YEARBOOK ON ENVIRONMENT

2017

浙江省统计局 编

中国统计出版社
China Statistics Press

图书在版编目(CIP)数据

浙江自然资源与环境统计年鉴. 2017 / 浙江省统计局编. -- 北京 : 中国统计出版社, 2017.11
ISBN 978-7-5037-8412-5

Ⅰ. ①浙… Ⅱ. ①浙… Ⅲ. ①环境统计—统计资料—浙江—2017—年鉴 Ⅳ. ①X508.255-54

中国版本图书馆CIP数据核字(2017)第277520号

浙江自然资源与环境统计年鉴-2017

作　　者 / 浙江省统计局
责任编辑 / 钟钰　王珍　俞鹏
封面设计 / 叶志杭
出版发行 / 中国统计出版社
地　　址 / 北京市丰台区西三环南路甲6号 邮政编码/100073
电　　话 / 邮购(010)63376909　书店(010)68783171
网　　址 / http://www.zgtjcbs.com
印　　刷 / 杭州嘉业印务有限公司
经　　销 / 新华书店
开　　本 / 890mm × 1240mm　1/16
字　　数 / 167千字
印　　张 / 16
版　　别 / 2017年12月第1版
版　　次 / 2017年12月第1次印刷
定　　价 / 120.00元

如有印装差错，由本社发行部调换。

《浙江自然资源与环境统计年鉴—2017》
编委会和编辑人员

编 者 说 明

一、《浙江自然资源与环境统计年鉴—2017》是浙江省统计局及其他有关厅局共同编辑完成的一本反映我省环境各领域基本情况的年度综合统计资料。本书收录了2016年全省环境各领域基本数据以及主要年份的全国数据。

二、本书内容共分十二部分,即:1. 自然状况;2. 水环境;3. 海洋环境;4. 大气环境;5. 固体废物;6. 自然生态;7. 土地利用;8. 林业;9. 自然灾害及突发事件;10. 环境投资;11. 城市环境;12. 农村环境。同时附录五个部分:全国人口资源环境主要统计指标、“十三五”规划主要环境保护指标、东中西部地区主要环境指标、世界主要国家和地区环境统计指标、主要统计指标解释。

三、有关符号说明:

“…”表示数据不足本表最小单位数;

“空格”表示该项统计指标数据不详或无该项数据;

“#”表示是其中的主要项。

四、参与本书编辑的单位有省环保厅、省水利厅、省建设厅、省交通运输厅、省国土资源厅、省农业厅、省卫生计生委、省民政厅、省林业厅、省海洋与渔业局、省气象局、省地震局、省地方统计调查局,也得到国家统计局能源司的指导和帮助。对上述单位有关人员在本书编辑过程中给予的大力支持与合作,表示衷心的感谢。

目　　录

一、自然状况

二、水环境

三、海洋环境

四、大气环境

五、固体废物

六、自然生态

七、土地利用

八、林业

九、自然灾害

十、环境投资

十一、城市环境

十二、农村环境

附录一、人口资源环境主要统计指标

附录二、"十三五"规划主要环境保护指标

附录三、东中西部地区主要环境指标

附录四、世界主要国家和地区环境统计指标

一、自然状况

1-1 自然状况

项　　目		2016
国土		
国土面积	（万平方公里）	10.55
海域面积	（平方公里）	44600
岸线总长度	（公里）	6895
大陆岸线长度		2414
海岛岸线长度		4481
海岛个数	（个）	3765
海岛面积	（平方公里）	1817
气候		
热量分布	（积温≥0℃）	
浙北		6287.7-6984.9
浙西		6588.9-7030.2
浙南		6367.5-7216.0
浙东		6164.4-7007.3
降水量	（毫米）	
浙北		1456.8-2362.6
浙西		1701.9-2177.4
浙南		1596.0-2741.0
浙东		1244.6-2243.9
气候带情况		
亚热带季风气候		

注：气候资料为多年平均值。 海域面积：为领海界线以内的面积。

1-2 土地状况

项　　目	面　　积 (万平方公里)	占总面积(%)
总面积	**10.55**	**100.00**
#农用地	8.60	81.52
耕地	1.98	18.74
园地	0.58	5.50
林地	5.64	53.47
牧草地	…	
其他农用地	0.40	3.81
#建设用地	1.30	12.28
城镇村及工矿用地	1.01	9.54
交通运输用地	0.15	1.40
水利设施用地	0.14	1.34

注: 本表数据来源于省国土资源厅。填写数据来自于浙江省2016年度土地变更调查现状数据，不包含批而未用面积。

1-3 主要山脉基本情况

名　称	山峰高程(米)
莫干山主峰塔山	719.00
方岩山主峰	346.80
普陀山主峰佛顶山	286.30
雁荡山主峰百岗尖西峰	1108.00
天台山主峰华顶山	1095.40
雪窦山主峰黄泥浆岗	971.70
凤阳山主峰黄茅尖	1928.70
江郎山主峰朗峰	816.80

1-4 主要河流基本情况

名　称	流域面积（平方千米）	干流河长（千米）	多年平均降水量（毫米）	多年平均径流量（亿立方米）
钱塘江	55558.4	668.1	1631.0	429.68
苕　溪	4576.4	157.8	1525.8	34.62
甬　江	4518.1	133.0	1536.1	37.07
椒　江	6602.7	208.9	1664.9	63.88
瓯　江	18099.5	383.8	1727.9	186.92
飞云江	3718.8	193.4	1867.8	43.44
鳌　江	1530.1	81.0	1919.4	18.05

注:径流量均系浙江省境内部分(数据来源省水利部门)

1-5 主要矿产资源储量(2016年)

项　　目		2016
石油	(万吨)	
天然气	(亿立方米)	
煤炭	(亿吨)	0.93
铁矿	(矿石,亿吨)	1.97
锰矿	(矿石,万吨)	
铬矿	(矿石,万吨)	
钒矿	(万吨)	59.20
原生钛铁矿	(万吨)	16.00
铜矿	(铜,万吨)	23.40
铅矿	(铅,万吨)	121.60
锌矿	(锌,万吨)	284.20
铝土矿	(矿石,万吨)	
镍矿	(镍,万吨)	0.37
钨矿	(WO_3,万吨)	0.70
锡矿	(锡,万吨)	0.79
钼矿	(钼,万吨)	4.49
锑矿	(锑,万吨)	0.05
金矿	(金,吨)	17.90
银矿	(银,吨)	2901.00
菱镁矿	(矿石,万吨)	
普通萤石	(矿物,万吨)	3812.70
硫铁矿	(矿石,万吨)	6811.60
磷矿	(矿石,万吨)	1770.10
钾盐	(KCl,万吨)	
盐矿	(NaCl,亿吨)	
芒硝	(Na_2SO_4,亿吨)	
重晶石	(矿石,万吨)	1197.30
玻璃硅质原料	(矿石,万吨)	11215.10
石墨	(矿石,万吨)	
滑石	(矿石,万吨)	
高岭土	(矿石,万吨)	3637.90

注:资料来源:省国土资源厅。其中,石油和天然气的数据为剩余技术可采储量(下表同)。

1-6 各地区主要能源、黑色金属矿产资源储量（2016年）

地　区	石　油（万吨）	天然气（亿立方米）	煤　炭（万吨）	铁　矿（矿石，万吨）	锰　矿（矿石，万吨）	铬　矿（矿石，万吨）	钒　矿（万吨）	原　生钛铁矿（万吨）
全　省			**9306.86**	**19702.65**			**59.20**	**16.00**
杭州市			218.17	470.31			9.90	
宁波市				4.98				
温州市				11.60				16.00
嘉兴市								
湖州市			8411.37	146.20			39.80	
绍兴市			6.23	10563.15			7.30	
金华市			76.07					
衢州市			550.54				2.20	
舟山市								
台州市			2.90	28.46				
丽水市			41.58	8477.95				

1-7 各地区主要有色金属、非金属矿产资源储量（2016年）

地　区	铜　矿（铜，万吨）	铅　矿（铅，万吨）	锌　矿（锌，万吨）	铝土矿（矿石，万吨）	菱镁矿（矿石，万吨）	硫铁矿（矿石，万吨）	磷　矿（矿石，万吨）	高岭土（矿石，万吨）
全　省	**23.40**	**121.60**	**284.20**			**6811.60**	**1770.10**	**3637.93**
杭州市	6.70	10.70	81.20			260.10	203.10	552.90
宁波市		6.70	10.00					35.40
温州市		2.80	4.60			3108.80		581.82
嘉兴市								
湖州市		0.40	0.40					236.50
绍兴市	13.60	5.10	23.50			1181.20	1088.90	619.29
金华市	0.10						271.80	
衢州市	1.90	1.70	7.20			2217.90	206.30	
舟山市	0.20	0.10	0.30					
台州市		79.40	124.60			19.50		162.90
丽水市	0.90	14.10	32.40			24.10		1449.43

1-8 主要城市气候情况(2016年)

城 市	年平均气 温(摄氏度)	年极端最高气温(摄氏度)	年极端最低气温(摄氏度)	年平均相对湿度(%)	全年日照时 数(小时)	全 年降水量(毫米)
浙江省	**18.3**	**40.7**	**-11.7**	**79.3**	**1566.0**	**1826.0**
杭州市	18.2	40.3	-8.2	74.0	1522.3	1797.2
宁波市	18.3	38.9	-6.7	77.0	1495.2	1828.0
温州市	19.7	38.8	-3.9	77.0	1299.5	1908.0
嘉兴市	17.7	39.7	-7.7	79.0	1599.8	1718.7
湖州市	17.6	39.6	-8.8	79.0	1651.1	2112.7
绍兴市	18.7	40.0	-7.9	73.0	1557.1	1658.2
金华市	19.2	39.3	-7.3	75.0	1516.1	1740.3
衢州市	18.8	39.6	-8.7	80.0	1467.6	1966.5
舟山市	17.8	37.2	-5.4	81.0	1712.4	1804.8
台州市	19.1	38.5	-5.2	81.0	1527.5	1590.8
丽水市	19.7	40.7	-7.3	75.0	1292.4	1739.4

资料来源:省气象局。

1-9 国家级和省级风景名胜区情况(2016年)

地　区	国家级风景名胜			
	面　积（平方公里）	可游览面积（平方公里）	游人量（万人次）	境外游人
浙江	**4282**	**1567**	**13719.2**	**406.4**
杭州	1482	451	7051.0	307.1
富春江——新安江风景名胜区	1423	413	4218.0	7.1
杭州西湖风景名胜区	59	38	2833.0	300.0
宁波	55	17	421.0	28.1
雪窦山风景名胜	55	17	421.0	28.1
温州	1575	521	1744.5	22.2
楠溪江风景名胜区	671	328	667.1	4.8
百丈漈——飞云湖风景名胜区	560	82	46.2	9.0
雁荡山风景名胜区	344	111	1031.2	8.4
湖州	36	10	70.0	5.0
莫干山风景名胜区	36	10	70.0	5.0
绍兴	217	93	1064.0	13.1
天姥山风景名胜区	143	48	664.0	7.6
浣江——五泄风景名胜区	74	45	400.0	5.5
金华	299	199	289.9	8.4
双龙风景名胜	80	60	154.3	6.2
大红岩风景名胜区	66	51	76.0	0.5
方岩风景名胜区	153	88	59.6	1.7
衢州	51	35	77.0	
江郎山风景名胜区	51	35	77.0	
舟山	85	44	1246.7	7.4
普陀山风景名胜区	48	41	749.7	6.2
嵊泗列岛风景名胜区	37	3	497.0	1.2
台州	316	153	1388.1	12.6
天台山风景名胜区	132	95	910.0	6.0
仙居风景名胜区	158	32	278.2	6.2
方山——长屿硐天风景区	26	26	199.9	0.4
丽水	166	44	367.0	2.5
仙都风景名胜区	166	44	367.0	2.5

资料来源:省住房和城乡建设厅。

1-9　续表 1

地　区	省级风景名胜			
	面　积（平方公里）	可游览面积（平方公里）	游人量（万人次）	境外游人
浙江	**1947**	**812**	**4485.6**	**57.2**
杭州	6	1	154.2	0.5
超山风景区	6	1	154.2	0.5
宁波	170	112	271.8	10.6
五龙潭风景名胜区	59	11	51.2	3.2
宁波东钱湖风景名胜区	60	60	162.1	3.9
鸣鹤上林湖风景名胜区	51	41	58.5	3.5
温州	609	258	1127.3	9.3
龙湾瑶溪风景名胜区	14	6	76.5	0.1
仙岩风景名胜区	30	19	83.2	1.2
泽雅风景名胜区	90	40	159.0	2.6
洞头风景名胜区	20	20	541.1	1.2
平阳南麂列岛风景区	67	10	16.7	
滨海-玉苍山风景名胜区	106	48	118.2	2.6
氡泉-九峰风景区	107	55	37.6	0.2
寨寮溪风景名胜区	175	60	95.0	1.4
嘉兴	27	18	253.1	3.0
南北湖风景区	27	18	253.1	3.0
湖州	68	36	886.5	18.4
下渚湖风景区	37	12	33.0	0.3
天荒坪风景名胜区	31	24	853.5	18.1
绍兴	98	62	370.2	8.4
吼山风景区	11	3	6.9	
鉴湖风景名胜区	25	4	191.3	6.0
曹娥江景区	40	40	172.0	2.4
南山风景名胜区	22	15		

1-9　续表 2

地　区	省级风景名胜			
	面　积（平方公里）	可游览面积（平方公里）	游人量（万人次）	境外游人
金华	275	94	353.7	1.6
九峰山-大佛寺风景名胜区	67	23	76.8	0.6
仙华山	66	19	13.5	0.2
花溪—夹溪风景名胜区	48	29	212.2	0.3
白露山—芝堰风景名胜区	44	5		
六洞山风景区	9	5	29.5	0.3
落鹤-社姆山	27	5	12.0	
三都、屏岩风景名胜	14	8	9.7	0.2
衢州	246	60	113.0	
烂柯山-乌溪江风景名胜区	160	10	50.0	
三衢石林风景区	13	5	7.0	
钱江源国家森林公园	73	45	56.0	
舟山	30	17	712.0	4.2
桃花岛风景名胜区	12	7	254.0	0.2
岱山省级风景名胜区	18	10	458.0	4.0
台州	214	76	91.9	0.1
划岩山风景名胜区	16	11	2.2	
玉环大鹿岛旅游风景区	36	2	26.5	
仙居响石山风景名胜区	12	3	11.9	
桃渚风景区	150	60	51.3	0.1
丽水	204	78	151.9	1.1
南明山风景名胜区	12	3	40.0	
石门洞风景区	71	26	9.7	1.1
箬寮-安岱后风景区	27	16	26.8	
双苗尖月山风景区	53	16	1.4	
云中大漈风景区	41	17	74.0	

二、水环境

2-1 全省历年水环境情况(2000-2016年)

年份	水资源总量(亿立方米)	地表水资源量	地下水资源量	地表水与地下水资源重复量	降水量(亿立方米)	人均水资源量(立方米/人)
2000	963.67	949.00	211.65	196.98	1683.00	2105.16
2001	936.83	919.32	207.87	190.35	1650.80	1991.41
2002	1230.48	1212.31	243.12	224.95	1937.37	2589.07
2003	574.48	563.95	161.31	150.78	1246.61	1192.71
2004	675.67	662.19	182.96	169.48	1450.77	1381.46
2005	1014.35	999.36	216.08	201.09	1723.99	2045.86
2006	903.59	889.41	204.36	190.18	1597.90	1795.92
2007	892.15	876.72	204.13	188.70	1630.48	1744.75
2008	855.23	839.93	198.09	182.78	1574.33	1649.86
2009	931.35	917.40	208.01	194.06	1655.05	1776.05
2010	1397.61	1381.98	264.70	249.08	2095.41	2606.98
2011	744.21	732.54	184.13	172.46	1468.09	1364.34
2012	1444.79	1427.15	273.47	255.83	2163.35	2641.29
2013	930.90	916.86	207.33	193.29	1647.45	1696.40
2014	1130.69	1116.79	231.75	217.85	1835.59	2054.68
2015	1405.11	1388.42	269.83	253.14	2134.83	2543.88
2016	1322.16	1305.61	255.47	238.93	2024.75	2376.06

2-1 续表 1

年 份	供水总量（亿立方米）	地表水	地下水	其 他	用水总量（亿立方米）	农业用水	工业用水
2000	203.27	195.14	7.63	0.50	201.15	121.21	52.56
2001	205.36	197.50	7.24	0.61	205.36	117.22	53.05
2002	208.01	199.60	7.38	1.03	208.01	118.14	53.29
2003	205.98	197.13	8.47	0.38	205.98	110.18	55.28
2004	207.78	200.25	7.10	0.43	207.78	109.73	55.77
2005	209.91	202.79	6.65	0.47	209.91	108.92	58.10
2006	208.26	201.29	6.57	0.40	208.26	101.04	62.73
2007	210.98	204.85	5.65	0.47	210.98	100.22	64.17
2008	216.62	210.97	5.30	0.34	216.62	98.73	61.03
2009	217.07	192.28	4.96	0.52	217.07	97.28	55.34
2010	220.08	215.18	4.33	0.57	220.08	94.64	59.70
2011	222.24	217.40	4.16	0.69	222.24	92.10	61.84
2012	222.31	218.13	3.34	0.85	222.31	91.29	60.74
2013	224.75	221.07	2.52	1.17	224.75	91.95	58.75
2014	220.24	217.03	2.19	1.02	220.24	88.21	55.67
2015	186.06	183.36	1.70	1.00	186.06	84.65	51.59
2016	181.15	178.48	1.56	1.10	181.15	80.99	48.37

注:2015年起,统计口径调整,供水总量、用水总量不含环境配水量。

2-1 续表 2

年 份			人均用水量（立方米/人）	单位GDP用水量（立方米/万元）	单位工业增加值用水量（立方米/万元）	单位工业增加值工业用水量（立方米/万元）
	生活用水	生态补水				
2000	26.45	0.93	439.42	327.55	682.86	178.43
2001	29.10	5.99	436.53	302.23	628.35	162.32
2002	29.19	7.39	437.68	271.78	560.28	143.54
2003	29.05	11.47	427.65	234.64	479.52	128.69
2004	31.45	13.27	424.82	206.76	413.50	110.99
2005	31.32	13.76	423.37	185.23	369.30	102.22
2006	32.65	11.84	413.92	136.30	286.37	86.26
2007	33.95	12.64	412.61	120.42	249.17	75.79
2008	36.32	20.54	417.89	112.34	232.48	65.50
2009	37.60	26.85	413.94	103.33	219.97	56.08
2010	39.40	26.33	410.52	93.60	197.88	53.68
2011	40.02	28.28	407.42	73.51	159.53	44.39
2012	41.59	28.70	406.42	68.10	148.61	40.62
2013	42.46	31.59	409.57	63.66	138.24	36.14
2014	43.82	32.54	400.22	57.91	130.57	33.01
2015	44.36	5.46	336.85	45.32	105.17	29.16
2016	46.31	5.48	325.54	38.66	95.92	25.61

注：表中2005年的单位GDP用水量、单位工业增加值用水量、单位工业增加值工业用水量是以2000年价计算。
按新口径2005年价计算的数据分别为：156.44、330.84和91.57立方米/万元。
按新口径2010年价计算的数据分别为：79.39、173.87和47.16立方米/万元。

2-1 续表 3

年 份	废水排放总 量（亿吨）	#工业	#生活	化学需氧量排放总量（万吨）	#工业	#生活	氨 氮排放量（万吨）	#工业	#生活
2000	21.33	13.64	7.69	62.6	35.84	36.76	—	—	—
2001	24.26	15.81	8.45	63.16	32.09	31.07	8.70	5.62	3.08
2002	25.91	16.80	9.11	57.86	28.35	29.51	6.82	3.90	2.92
2003	27.03	16.81	10.22	56.20	25.64	30.56	6.84	3.80	3.04
2004	28.13	16.53	11.60	55.65	25.15	30.50	6.30	3.35	2.95
2005	31.32	19.24	12.08	59.47	28.96	30.51	6.29	3.10	3.19
2006	33.07	19.96	13.11	59.27	28.65	30.62	5.74	2.65	3.09
2007	33.81	20.12	13.69	56.40	26.43	29.97	5.31	2.43	2.88
2008	35.04	20.05	14.99	53.86	24.27	29.59	4.68	2.03	2.65
2009	36.50	20.34	16.16	51.38	24.05	27.33	4.10	1.52	2.58
2010	39.48	21.74	17.74	48.68	24.41	24.27	3.97	1.40	2.57
2011	42.04	18.24	23.76	81.83	19.11	40.69	11.54	1.26	7.45
2012	42.10	17.54	24.50	78.62	18.57	38.92	11.23	1.21	7.25
2013	41.91	16.37	25.50	75.51	17.41	37.63	10.75	1.11	6.99
2014	41.83	14.94	26.84	72.54	16.63	36.04	10.32	1.01	6.76
2015	43.38	14.74	28.58	68.32	15.56	34.72	9.85	1.04	6.49
2016	43.09	12.99	30.02	46.15	8.98	33.77	7.30	0.59	6.59

注：2011年环境保护部门对统计制度中的指标体系、调查方法及相关技术规定等进行了修订，统计范围扩展为工业源、农业源、城镇生活源、机动车、集中式污染治理设施5个部分。

2-2 各流域水资源情况(2016年)

单位:亿立方米

流域片	水资源总量	地表水资源量	地下水资源量	地表水与地下水资源重复量	降水量
浙江省	**1322.16**	**1305.61**	**255.47**	**238.93**	**2024.75**
鄱阳湖水系	8.51	8.51	2.35	2.35	11.79
太湖水系	158.96	151.82	28.35	21.21	232.65
钱塘江	512.41	510.05	96.67	94.31	797.96
浙东诸河	141.47	137.70	32.09	28.31	234.24
浙南诸河	455.16	451.94	86.23	83.01	686.91
闽东诸河	26.14	26.10	6.95	6.91	34.94
闽　江	19.50	19.50	2.84	2.84	26.26

资料来源:省水利厅(以下各表同)

2-3 各流域节水灌溉面积(2016年)

单位:千公顷

流域片	节水灌溉面积合计	#喷滴灌	#微　灌	#低压管灌
按流域分	**1083.98**	**61.12**	**48.22**	**66.59**
太湖流域	373.66	12.03	9.81	44.21
东南诸河流域	710.32	49.09	38.41	22.38

2-4 各流域供水和用水情况(2016年)

单位:亿立方米

流域片	供水总量				环境配水
		地表水	地下水	其　他	
浙江省	**181.15**	**178.48**	**1.56**	**1.10**	**25.55**
鄱阳湖水系	0.44	0.43	0.01		0.01
太湖水系	47.37	46.95	0.10	0.32	11.90
钱塘江	68.94	67.79	0.87	0.28	6.62
浙东诸河	23.49	22.98	0.06	0.45	3.15
浙南诸河	40.10	39.53	0.52	0.05	3.87
闽东诸河	0.42	0.42			
闽　江	0.39	0.39			

2-4　续表

单位:亿立方米

流域片	用水总量					环境配水
		农　业	工　业	生　活	生态环境补水	
浙江省	**181.15**	**80.99**	**48.37**	**46.31**	**5.48**	**25.55**
鄱阳湖水系	0.44	0.32	0.06	0.04	0.01	0.01
太湖水系	47.37	22.69	11.19	12.43	1.07	11.90
钱塘江	68.94	32.33	20.73	13.96	1.92	6.62
浙东诸河	23.49	8.84	6.51	7.82	0.32	3.15
浙南诸河	40.10	16.23	9.80	11.93	2.15	3.87
闽东诸河	0.42	0.29	0.03	0.08	0.01	
闽　江	0.39	0.28	0.05	0.05	0.01	

注:鄱阳湖+太湖即为长江区;钱塘江+浙东+浙南+闽东+闽江即为东南诸河区

2-5 各地区水资源情况(2016年)

单位:亿立方米,立方米/人

地 区	水资源总 量	地表水资源量	地下水资源量	地表水与地下水资源重复量	降水量		人 均水资源量
					亿立方米	毫 米	
浙江省	**1322.16**	**1305.61**	**255.47**	**238.93**	**2024.75**	**1954.35**	**2376.06**
杭州市	213.10	210.82	37.00	34.72	323.13	1946.97	2340.99
宁波市	110.54	107.58	25.31	22.34	178.33	1904.19	1408.18
温州市	184.66	182.31	31.91	29.56	269.11	2283.65	2019.07
嘉兴市	40.61	36.43	8.63	4.45	64.46	1635.64	882.88
湖州市	84.32	82.70	13.77	12.14	118.86	2043.23	2846.33
绍兴市	80.03	77.81	15.29	13.06	137.77	1668.54	1607.69
金华市	118.28	118.28	20.37	20.37	190.40	1743.89	2155.60
衢州市	128.16	128.16	31.28	31.28	187.26	2119.38	5967.81
舟山市	11.58	11.58	1.97	1.97	21.22	1688.05	1002.18
台州市	100.22	99.30	17.61	16.69	167.77	1765.67	1652.56
丽水市	250.66	250.66	52.33	52.33	366.44	2114.64	11647.82

2-6 各地区节水灌溉面积(2016年)

单位:千公顷

地 区	合 计	#喷滴灌	#微 灌	#低压管灌
浙江省	**1083.98**	**61.12**	**48.22**	**66.59**
杭州市	98.56	7.25	2.79	1.91
宁波市	157.45	17.41	12.35	6.65
温州市	103.39	6.73	3.45	1.82
嘉兴市	167.30	1.76	4.73	40.69
湖州市	107.80	3.02	2.29	1.61
绍兴市	86.73	5.79	4.33	5.71
金华市	121.15	4.12	2.15	1.56
衢州市	88.20	4.35	6.86	1.31
舟山市	7.66	0.66	0.46	0.42
台州市	97.41	2.89	4.07	3.47
丽水市	48.33	7.14	4.74	1.44

2-7 各地区供水和用水情况(2016年)

单位:亿立方米

地　区	供水总量				环境配水	用水总量	
		地表水	地下水	其　他			农业用水
浙江省	**181.15**	**178.48**	**1.56**	**1.10**	**25.55**	**181.15**	**80.99**
杭州市	34.24	33.93	0.14	0.17	16.09	34.24	11.68
宁波市	20.31	19.92	0.04	0.36	3.15	20.31	7.55
温州市	18.78	18.64	0.14		2.39	18.78	5.90
嘉兴市	18.81	18.81	…			18.81	10.84
湖州市	15.23	14.95	0.08	0.20		15.23	9.44
绍兴市	18.36	18.24	0.11		2.20	18.36	8.29
金华市	17.19	16.36	0.60	0.23	0.20	17.19	7.67
衢州市	12.83	12.76	0.07		0.05	12.83	7.36
舟山市	1.55	1.46	…	0.09		1.55	0.29
台州市	16.64	16.24	0.35	0.05	1.48	16.64	7.49
丽水市	7.21	7.17	0.04			7.21	4.48

注:生态用水仅包括城市环境用水和部分河湖、湿地的人工补水。

2-7　续表

单位:亿立方米

地　区				环境配水	用水消耗量	人均耗水量（立方米）
	工业用水	生活用水	生态环境补水			
浙江省	**48.37**	**46.31**	**5.48**	**25.55**	**99.39**	**178.62**
杭州市	10.75	10.97	0.84	16.09	16.68	183.29
宁波市	5.64	6.87	0.25	3.15	11.13	141.76
温州市	4.81	6.90	1.17	2.39	11.06	120.89
嘉兴市	4.19	3.38	0.41		11.08	240.96
湖州市	2.93	2.64	0.23		8.22	277.50
绍兴市	5.19	4.49	0.38	2.20	10.83	217.51
金华市	5.32	3.32	0.88	0.20	9.70	176.73
衢州市	3.62	1.59	0.25	0.05	6.77	315.21
舟山市	0.56	0.69	0.01		0.70	60.76
台州市	4.20	4.01	0.95	1.48	8.83	145.66
丽水市	1.17	1.45	0.11		4.39	204.02

2-8 流域分区河流水质状况评价结果(按评价河长统计)(2016年)

流域分区	评价河长（千米）	分类河长占评价河长百分比(%)					
		Ⅰ类	Ⅱ类	Ⅲ类	Ⅳ类	Ⅴ类	劣Ⅴ类
浙江省	**12113.90**	**13.15**	**47.23**	**17.67**	**12.86**	**3.67**	**5.42**
太湖水系	2046.70		34.86	27.71	30.65	6.32	0.46
鄱阳湖水系	36.70		100.00				
钱塘江	4101.40	6.46	57.64	26.09	6.03	3.42	0.35
浙东诸河	1828.70	13.33	22.68	11.78	32.90	6.67	12.63
浙南诸河	3927.30	27.19	51.89	7.26	2.07	1.35	10.23
闽东诸河	123.30		100.00				
闽　江	49.80	31.73	62.65	5.62			

2-9 主要水系水质状况评价结果(按省控监测断面统计)(2016年)

主要水系	监测断面个　数（个）	分类水质断面占全部断面百分比(%)					
		Ⅰ类	Ⅱ类	Ⅲ类	Ⅳ类	Ⅴ类	劣Ⅴ类
钱塘江	47	4.3	57.4	38.3			
曹娥江	10	10.0	60.0	30.0			
甬　江	14	7.1	7.1	57.2	28.6		
椒　江	11	9.1	36.4	45.4	9.1		
瓯　江	29	17.2	69.0	13.8			
飞云江	5	20.0	40.0	40.0			
鳌　江	4		25.0	50.0	25.0		
苕　溪	16	6.2	68.8	25.0			

资料来源：省环境保护厅(以下各表同)。

2-10 各地区废水排放及处理情况(2016年)

单位: 万吨

地 区	废水排放总量	工业废水	城镇生活污水	集中式污染治理设施
全 省	**430856.78**	**129912.83**	**300216.10**	**727.85**
杭 州	83711.45	28382.00	55167.04	162.41
宁 波	73149.73	15760.36	57288.00	101.38
温 州	51195.12	5012.26	46152.80	30.06
嘉 兴	44378.91	19763.29	24589.90	25.72
湖 州	22930.94	8531.52	14394.74	4.69
绍 兴	46883.08	24383.20	22359.58	140.30
金 华	39913.80	6466.59	33357.83	89.38
衢 州	15798.45	10692.59	5090.44	15.41
舟 山	5438.55	1438.77	3983.95	15.83
台 州	34774.44	5725.07	28940.23	109.14
丽 水	12682.31	3757.17	8891.61	33.52

2-10 续表 1

单位:吨

地 区	化学需氧量排放总量	工 业	农 业	生 活	集中式污染治理设施
全 省	**461456.84**	**89810.44**	**30268.67**	**337673.83**	**3703.89**
杭 州	58491.97	17571.02	10225.03	30389.27	306.65
宁 波	34940.54	8805.36	183.26	24851.95	1099.98
温 州	100125.66	4994.33	1284.84	93697.93	148.56
嘉 兴	26613.94	10616.35	220.46	15762.55	14.57
湖 州	23400.64	7570.54		15829.67	0.42
绍 兴	60620.28	18960.63	16054.11	25547.38	58.16
金 华	42996.80	3641.00	1464.04	36712.38	1179.37
衢 州	22004.32	7266.53	618.91	14032.69	86.19
舟 山	13886.61	1251.68		12595.43	39.50
台 州	52789.62	5374.04	213.16	46795.47	406.96
丽 水	25586.46	3758.95	4.87	21459.12	363.52

2-10 续表 2

单位:吨

地 区	氨氮排放总量	工 业	农 业	生 活	集中式污染治理设施
全 省	**73006.57**	**5932.66**	**770.01**	**65900.96**	**402.95**
杭 州	8904.06	764.61	395.64	7691.57	52.24
宁 波	9389.65	540.45	21.77	8708.97	118.47
温 州	14066.01	446.81	3.01	13603.66	12.53
嘉 兴	6612.93	878.59	22.03	5711.25	1.06
湖 州	4013.79	380.91		3632.86	0.02
绍 兴	6089.31	1142.21	232.78	4708.80	5.52
金 华	6744.64	289.36	44.33	6289.98	120.98
衢 州	3448.59	424.35	28.97	2988.15	7.12
舟 山	2109.26	130.16		1971.73	7.38
台 州	8072.20	672.21	20.52	7334.94	44.53
丽 水	3556.13	262.97	0.97	3259.07	33.12

2-10 续表 3

单位:吨

地 区	废水中污染物排放量				
	总 氮	总 磷	石油类	挥发酚(千克)	氰化物(千克)
全 省	**124850.82**	**7944.96**	**244.45**	**2517.06**	**3109.02**
杭 州	20015.82	2060.42	10.88	338.81	165.08
宁 波	14616.55	277.29	34.04	548.76	623.21
温 州	22148.44	1498.36	82.24		1653.91
嘉 兴	10140.37	261.37	8.75	24.06	15.82
湖 州	7417.79	452.39	11.03		
绍 兴	15412.50	817.78	3.15	519.44	25.57
金 华	10971.34	623.42	17.48	734.11	265.09
衢 州	3980.12	425.80	15.85	66.49	18.42
舟 山	2946.87	120.24	9.51	189.90	
台 州	12386.10	1137.67	29.06	95.49	262.21
丽 水	4814.91	270.22	22.46		79.71

2-10 续表 4

单位:千克

地 区	废水中污染物排放量					
	铅	汞	镉	六价铬	总 铬	砷
全 省	**524.75**	**9.03**	**68.18**	**2394.90**	**7381.77**	**187.36**
杭 州	3.23	0.03	0.25	101.77	347.65	1.08
宁 波	14.46	1.59	10.40	220.68	934.72	1.75
温 州	117.19	0.17	7.32	1331.27	3067.29	2.70
嘉 兴	7.35	0.02	0.16	9.96	401.22	0.78
湖 州	97.91			59.02	253.29	
绍 兴	215.71	0.10	44.01	44.04	134.62	49.14
金 华	20.54	0.35	2.56	75.35	414.78	4.79
衢 州	3.48	0.09	0.45	116.01	307.33	29.71
舟 山	2.03	5.77	0.36	4.11	17.52	50.42
台 州	26.85	0.14	1.18	361.49	1282.29	36.68
丽 水	16.01	0.78	1.48	71.20	221.05	10.31

2-10 续表 5

地 区	工业废水治理设施数(套)	工业废水治理设施处理能力(万吨/日)	工业废水处理量(万吨)	工业废水治理设施本年运行费用(万元)
全 省	**6618**	**1021.9**	**160639.4**	**707167.1**
杭 州	828	251.8	44721.4	121630.1
宁 波	831	120.1	21282.6	131260.7
温 州	507	23.0	4627.4	18552.8
嘉 兴	845	163.5	25306.1	110899.0
湖 州	572	63.2	9848.4	32406.1
绍 兴	788	191.6	23832.8	181418.1
金 华	636	52.5	7472.5	40239.1
衢 州	421	88.9	12618.8	23031.1
舟 山	112	4.8	1155.3	2854.1
台 州	818	41.7	6432.9	33434.3
丽 水	260	20.8	3341.2	11441.7

2-11 各行业工业废水排放及处理情况(2016年)

行　业	汇总工业企业数（个）	工业废水治理设施数（套）	工业废水治理设施处理能力（万吨/日）
行业总计	**11402**	**6618**	**1021.90**
农、林、牧、渔服务业	15	6	0.12
黑色金属矿采选业	3	1	0.90
有色金属矿采选业	25	16	2.16
非金属矿采选业	31	23	2.66
开采辅助活动			
其他采矿业	2		
农副食品加工业	605	333	12.90
食品制造业	201	158	14.65
酒、饮料和精制茶制造业	148	123	18.02
烟草制品业	2	2	0.38
纺织业	1967	1309	360.93
纺织服装、服饰业	226	128	13.35
皮革、毛皮、羽毛及其制品和制鞋业	172	124	16.92
木材加工及木、竹、藤、棕、草制品业	235	55	1.68
家具制造业	157	59	0.59
造纸及纸制品业	393	308	245.23
印刷和记录媒介复制业	147	32	0.32
文教、工美、体育和娱乐用品制造业	129	53	0.81
石油加工、炼焦和核燃料加工业	14	16	5.61
化学原料和化学制品制造业	949	710	119.27

2-11 续表 1

行　业	汇总工业企业数（个）	工业废水治理设施数（套）	工业废水治理设施处理能力（万吨/日）
医药制造业	282	250	22.55
化学纤维制造业	150	93	17.80
橡胶和塑料制品业	540	175	6.29
非金属矿物制品业	702	101	17.38
黑色金属冶炼及压延加工业	274	128	13.82
有色金属冶炼及压延加工业	234	130	9.88
金属制品业	1521	839	31.82
通用设备制造业	461	280	7.11
专用设备制造业	181	91	1.25
汽车制造业	315	245	4.89
铁路、船舶、航空航天和其他运输设备制造业	139	75	2.82
电气机械和器材制造业	306	185	6.44
计算机、通信和其他电子设备制造业	270	178	11.36
仪器仪表制造业	29	17	0.32
其他制造业	260	154	3.61
废弃资源综合利用业	75	21	0.46
金属制品、机械和设备修理业	29	21	0.40
电力、热力生产和供应业	211	178	47.19
燃气生产和供应业	2	1	0.01
水的生产和供应业			

2-11 续表 2

行　业	工业废水治理设施本年运行费用（万元）	工业废水处理量（万吨）	工业废水排放量（万吨）
行业总计	**707167.05**	**160639.36**	**115021.87**
农、林、牧、渔服务业	106.80	19.29	17.13
黑色金属矿采选业	70.00	300.00	
有色金属矿采选业	680.20	501.80	489.56
非金属矿采选业	785.30	291.38	239.99
开采辅助活动			
其他采矿业			6.50
农副食品加工业	7688.55	2317.51	2312.72
食品制造业	8229.60	1743.72	1711.54
酒、饮料和精制茶制造业	5653.70	2288.97	2054.92
烟草制品业	965.90	63.04	63.04
纺织业	241013.40	54914.72	47545.62
纺织服装、服饰业	12982.60	2498.35	2397.45
皮革、毛皮、羽毛及其制品和制鞋业	12227.10	2289.90	1615.06
木材加工及木、竹、藤、棕、草制品业	676.70	256.00	326.17
家具制造业	824.30	136.13	137.16
造纸及纸制品业	67297.40	39125.22	19101.78
印刷和记录媒介复制业	318.60	56.29	70.09
文教、工美、体育和娱乐用品制造业	1080.90	205.61	197.74
石油加工、炼焦和核燃料加工业	18897.30	1162.22	657.12
化学原料和化学制品制造业	127799.50	16799.02	13064.12

2-11 续表 3

行　业	工业废水治理设施本年运行费用（万元）	工业废水处理量（万吨）	工业废水排放量（万吨）
医药制造业	50104.90	3487.49	3294.90
化学纤维制造业	11704.20	2822.77	2113.57
橡胶和塑料制品业	6036.30	1177.27	1373.96
非金属矿物制品业	3754.50	2030.39	573.84
黑色金属冶炼及压延加工业	19571.20	4450.33	1343.51
有色金属冶炼及压延加工业	4908.70	1116.94	532.40
金属制品业	44644.70	5070.22	4684.82
通用设备制造业	6253.10	1128.67	991.59
专用设备制造业	1433.90	310.43	338.61
汽车制造业	7251.80	1000.12	946.96
铁路、船舶、航空航天和其他运输设备制造业	1969.90	524.57	578.64
电气机械和器材制造业	10305.00	1433.98	1373.05
计算机、通信和其他电子设备制造业	10283.20	1871.82	1592.67
仪器仪表制造业	418.00	90.08	111.99
其他制造业	4104.20	610.66	513.25
废弃资源综合利用业	737.30	95.38	93.26
金属制品、机械和设备修理业	138.30	125.19	239.23
电力、热力生产和供应业	16240.00	8322.81	2316.88
燃气生产和供应业	10.00	1.04	1.04
水的生产和供应业			

2-11 续表 4

行 业	化学需氧量排放量（吨）	氨氮排放量（吨）
行业总计	**75529.28**	**5236.21**
农、林、牧、渔服务业	13.34	0.96
黑色金属矿采选业		
有色金属矿采选业	187.59	10.00
非金属矿采选业	297.85	29.97
开采辅助活动		
其他采矿业	7.10	0.60
农副食品加工业	2197.41	230.68
食品制造业	929.37	87.77
酒、饮料和精制茶制造业	1084.38	94.04
烟草制品业	26.79	2.27
纺织业	32947.93	2090.58
纺织服装、服饰业	1125.55	77.85
皮革、毛皮、羽毛及其制品和制鞋业	956.36	119.64
木材加工及木、竹、藤、棕、草制品业	689.67	18.06
家具制造业	97.20	7.89
造纸及纸制品业	12009.42	622.32
印刷和记录媒介复制业	82.22	6.55
文教、工美、体育和娱乐用品制造业	163.30	13.08
石油加工、炼焦和核燃料加工业	219.83	12.03
化学原料和化学制品制造业	7025.16	525.97

2-11 续表 5

行 业	化学需氧量排放量（吨）	氨氮排放量（吨）
医药制造业	2151.77	236.89
化学纤维制造业	1286.30	64.25
橡胶和塑料制品业	1203.75	123.62
非金属矿物制品业	432.05	28.04
黑色金属冶炼及压延加工业	731.60	84.08
有色金属冶炼及压延加工业	348.81	29.28
金属制品业	3870.00	255.74
通用设备制造业	789.71	66.60
专用设备制造业	245.39	27.45
汽车制造业	599.57	48.45
铁路、船舶、航空航天和其他运输设备制造业	410.75	46.40
电气机械和器材制造业	837.56	71.12
计算机、通信和其他电子设备制造业	858.43	63.72
仪器仪表制造业	91.85	8.99
其他制造业	441.27	48.18
废弃资源综合利用业	68.38	5.11
金属制品、机械和设备修理业	177.67	20.04
电力、热力生产和供应业	923.56	57.86
燃气生产和供应业	0.42	0.15
水的生产和供应业		

三、海洋环境

3-1 全省历年海洋环境情况(2003-2016年)

单位:平方公里

年 份	近岸海域海水水质			
	清洁、较清洁海域面积	轻度污染海域面积	中度污染海域面积	重度污染海域面积
2003				
2004				
2005	6397	2804	7127	14572
2006	5307	1750	9442	13420
2007	8428	3360	5460	13652
2008	10970	5460	4390	10080
2009	14750	9010	6670	11970
2010	10390	6830	6580	18600
2011	11250	11100	6780	13270
2012	11040	6062	8558	16740
2013	11708	7806	8322	16564
2014	8645	8835	11985	14935
2015	11760	6515	9335	16790
2016	19653	5173	5249	14325

注:2010年(含)之前指标名称为较清洁海域面积,之后调整为清洁、较清洁海域面积。2014年开始我省在每年3月、5月、8月、10月开展四次近岸海域水质趋势性监测,表中数据为8月监测数。

3-2 近岸海域海水水质评价结果(按海域污染程度分)(2016年)

单位:平方公里

海 区	测站数量(个)	清洁、较清洁海域面积	轻度污染海域面积	中度污染海域面积	重度污染海域面积	首要超标污染物
全 省	**315**	**19653**	**5173**	**5249**	**14325**	**无机氮和活性磷酸盐**
宁波市	60	2747	2106	2268	2638	无机氮和活性磷酸盐
温州市	90	8044	147	164	294	无机氮和活性磷酸盐
嘉兴市	17				1504	无机氮和活性磷酸盐
舟山市	66	2882	4118	3346	10453	无机氮和活性磷酸盐
台州市	82	5570	582	176	582	无机氮和活性磷酸盐

资料来源:省海洋与渔业局

说　　明:2016年全省及各海区分别于3月、5月、8月、10月进行了4次监测,本表数据采用的是8月份监测评价结果。

3-3 近岸海域海水水质评价结果(按海水类别分)(2016年)

海区名称	监测面积（平方公里）	水质类别面积百分比(%)				
		一类海水	二类海水	三类海水	四类海水	劣四类海水
全　省	**57468**	**15.7**	**22.0**	**11.2**	**5.6**	**45.5**
宁　波	9996	19.9	10.7	10.6		58.8
温　州	9467	21.0	45.2	22.6		11.3
嘉　兴	3204					100.0
舟　山	24264	8.2	30.2	4.4		57.2
台　州	10537	29.0		20.3	30.4	20.3

资料来源:省环境保护厅。

3-4 海洋资源利用情况(2016年)

地　区	海洋渔业（万吨）		海洋盐业产量（万吨）	海洋矿业产量（万吨）	海洋生物药业产值（万元）	海洋电力		海水利用	
	捕捞产业	养殖产业				年发电量（万千瓦.小时）	工业总产值（万元）	海水利用量（万吨）	设计淡水日产量（吨/日）
全　省	**414.9**	**101.8**	**6.4**	**19480.2**	**233273.2**	**142034.0**	**62099.0**	**5835984.8**	**147810.0**
宁波市	68.4	28.7	0.1	10.0	101948.2	92592.3	49871.2	354495.9	
温州市	51.5	10.7		295.2	900.0	2912.9	159.3	106521.1	21600.0
嘉兴市	0.1	0.1			43387.9			5127890.9	
舟山市	171.1	18.1	6.3	17155.5	29332.9	33703.2	1799.6	59701.0	91650.0
台州市	116.1	44.1		2019.5	57704.2	12825.6	10268.8	187375.8	34560.0

资料来源:省海洋与渔业局(以下各表同)。
注:全省海洋渔业中包括杭州远洋捕捞产量(2014年开始原省属远洋划入杭州市属地管理)。

3-5 海洋机动渔船拥有量(2016年)

沿海市	海洋机动渔船			其中:生产渔船			远洋渔船	
	艘数(艘)	总吨(吨)	总功率(千瓦)	艘数(艘)	总吨(吨)	总功率(千瓦)	艘数(艘)	总功率(千瓦)
全省	**27116**	**2996334**		**24750**	**2447668**	**3734407**	**578**	**518494**
杭州市								
宁波市	6720	609416		6453	551062	869176	34	51138
温州市	6029	248432		5829	219445	393240		
嘉兴市	434	3323		432	3259	11569		
绍兴市								
舟山市	7629	1185040		6554	935650	1297737	425	352732
台州市	6235	911240		5413	699369	1099552	61	51735

3-6 海洋客货运输量和周转量(2016年)

沿海市	客运量(万人)	旅客周转量(万人公里)	货运量(万吨)	其中:远洋	货物周转量(万吨公里)	其中:远洋
全省	**2932**	**57270**	**57512**	**2849**	**76569387**	**14693620**
省海总			2176	396	4307362	1905397
省远洋			923	923	7635960	7635960
杭州市		7300	1007		1025784	
宁波市	107	741	18077	516	19007620	1379686
温州市	27	1566	2735		2947270	
嘉兴市		257	377		369639	
绍兴市		579	71		83428	
舟山市	2589	44914	20932	1013	26777436	3772578
台州市	209	1913	11213		14414890	

3-7 沿海地区客货吞吐量、集装箱运量和吞吐量情况(2016年)

沿海市	货物吞吐量（万吨）	其中:外贸	旅客吞吐量（万人）	其中:离港	国际标准集装箱吞吐量 箱 数（万TEU）	重 量（万吨）
全 省	**114202.5**	**45541.6**	**666.1**	**331.8**	**2362.3**	**24439.5**
宁波港	49618.8	29966.7	147.8	74.4	2069.3	21346.7
温州港	8406.1	436.9	182.6	91.0	55.9	816.5
嘉兴港	6816.6	1166.4			134.2	1558.3
舟山港	42590.4	13168.4	153.1	74.4	86.9	560.4
台州港	6770.6	803.3	182.6	91.9	16.0	157.7

统计范围:年货物吞吐量100万吨(含)以上或经批准办理外贸运输业务的港口。

四、大气环境

4-1 全省历年废气排放及处理情况(2000-2016年)

年 份	工业废气排放总量(亿立方米)	二氧化硫排放总量(万吨)	#工 业	#生 活	氮氧化物排放总量(万吨)	#工 业	#生 活
2000	6509.00	59.28	56.08	3.10			
2001	8530.00	59.19	55.57	3.62			
2002	8532.00	62.36	59.39	2.97			
2003	10432.00	73.43	70.73	2.70			
2004	11749.00	81.40	78.90	2.50			
2005	13025.00	86.00	83.10	2.93			
2006	14702.00	85.90	82.90	3.03			
2007	17467.00	79.70	77.50	2.24			
2008	17632.70	74.06	71.59	2.47			
2009	18860.33	70.13	67.70	2.43			
2010	20433.77	67.83	65.39	2.44			
2011	24939.88	66.20	64.70	1.45	85.91	69.09	0.36
2012	23967.00	62.58	61.09	1.47	80.88	63.50	0.33
2013	24564.81	59.34	57.91	1.40	75.30	57.35	0.30
2014	26958.35	57.40	56.01	1.36	68.79	51.93	0.34
2015	26842.54	53.78	52.40	1.37	60.77	45.86	0.33
2016	22185.03	26.83	24.52	2.30	38.04	23.25	0.25

注:2011年环境保护部门对统计制度中的指标体系、调查方法及相关技术规定等进行了修订,统计范围扩展为工业源、农业源、城镇生活源、机动车、集中式污染治理设施5个部分。

4-1　续表

年　份	烟(粉)尘排放总量(万吨)	#工　业	#生　活	工业废气治理设施(套)	工业废气治理设施处理能力(万立方米/时)	本年运行费用(亿元)
2000				9905		5.13
2001				9290		7.66
2002				9386		8.20
2003				10354		8.72
2004				10909		10.77
2005				11560		13.93
2006				12932		39.77
2007				12118		27.29
2008				13600		31.78
2009				14526		74.40
2010				14574		59.87
2011	32.30	30.24	0.39	16744	69004	79.60
2012	25.40	23.32	0.43	17771	159773	99.03
2013	31.97	29.66	0.69	17512	57354	94.58
2014	37.97	35.88	0.65	18598	62893	98.78
2015	33.04	31.13	0.60	20108	67908	104.61
2016	18.23	16.35	0.61	57278	69498	337.86

4-2 各地区废气排放及处理情况(2016年)

单位:吨

地　区	二氧化硫排放总量	工　业	生　活	集中式污染治理设施
浙江省	**268384.63**	**245225.45**	**23049.87**	**109.31**
杭州市	40501.11	39499.12	996.27	5.72
宁波市	43189.82	41926.94	1251.20	11.68
温州市	15389.38	14920.21	420.65	48.52
嘉兴市	27827.37	27437.37	385.00	5.00
湖州市	28557.98	28297.77	256.00	4.22
绍兴市	28250.97	27499.08	734.40	17.49
金华市	19027.45	16320.70	2704.86	1.90
衢州市	36601.66	22609.20	13983.79	8.67
舟山市	2232.89	1925.05	307.53	0.31
台州市	14369.89	13174.43	1194.82	0.64
丽水市	12436.12	11615.60	815.36	5.16

资料来源:省环境保护厅(以下各表同)。

4-2　续表1

单位:吨

地　区	氮氧化物排放总量	工　业	生　活	机动车	集中式污染治理设施
浙江省	**380399.40**	**232491.89**	**2529.79**	**145133.00**	**244.72**
杭州市	77352.24	42310.98	334.26	34674.00	33.00
宁波市	69650.23	45927.69	320.00	23331.00	71.54
温州市	23271.13	9856.75	98.61	13290.00	25.78
嘉兴市	34857.52	21804.52	93.00	12941.00	19.00
湖州市	50420.14	41708.03	66.87	8631.00	14.24
绍兴市	28642.94	16923.79	364.80	11312.00	42.35
金华市	26100.89	14132.95	690.19	11263.00	14.75
衢州市	29916.55	22128.25	189.42	7587.00	11.88
舟山市	6203.00	2757.99	53.77	3390.00	1.24
台州市	24410.15	10453.05	184.20	13765.00	7.90
丽水市	9574.62	4487.90	134.68	4949.00	3.04

4-2 续表2

单位:吨

地　区	烟(粉)尘排放总量	工　业	生　活	机动车	集中式污染治理设施
浙江省	**182315.19**	**163481.09**	**6144.99**	**12599.02**	**90.09**
杭州市	23468.66	20414.20	236.46	2815.00	3.00
宁波市	27409.55	24007.69	2000.00	1351.01	50.85
温州市	6356.85	4910.78	329.92	1112.00	4.15
嘉兴市	12151.28	10978.08	228.00	943.00	2.20
湖州市	20532.12	19564.64	226.00	733.00	8.48
绍兴市	15766.84	14440.72	576.00	743.00	7.12
金华市	18140.12	16389.87	487.07	1261.00	2.18
衢州市	33197.74	31078.21	1229.57	886.01	3.95
舟山市	2654.94	2065.91	180.90	408.00	0.13
台州市	11594.87	9442.80	560.07	1592.00	
丽水市	11042.24	10188.21	91.00	755.00	8.03

4-2 续表3

地　区	工业废气排放量(亿立方米)	工业废气治理设施数(套)	工业废气治理设施处理能力(万立方米/时)	工业废气治理设施本年运行费用(万元)
浙江省	**22185.03**	**57278**	**69498.48**	**3378581.34**
杭州市	2963.27	2542	5988.74	84695.30
宁波市	6152.37	3127	12494.93	280261.70
温州市	1614.16	1948	4230.12	110849.40
嘉兴市	2362.38	33188	9092.12	158938.90
湖州市	1983.23	5155	12830.57	101099.20
绍兴市	1733.11	2556	5199.74	2276087.90
金华市	1499.97	1911	8946.26	109264.80
衢州市	1973.31	1041	3803.45	31425.40
舟山市	552.55	201	1623.16	47504.10
台州市	839.42	4864	3254.06	102976.54
丽水市	511.25	745	2035.35	75478.10

4-3 各行业工业废气排放及处理情况(2016年)

行　业	工业废气排放量（亿立方米）	工业废气治理设施数（套）	工业废气治理设施处理能力（万立方米/时）	工业废气治理设施运行费用（万元）
行业总计	**22185.03**	**57278**	**69498.48**	**3378581.34**
农、林、牧、渔服务业	0.77	3	0.57	3.00
黑色金属矿采选业				
有色金属矿采选业	1.03	6	9.90	53.50
非金属矿采选业	7.18	5	20.86	115.50
开采辅助活动				
其他采矿业				
农副食品加工业	47.92	266	260.87	2550.70
食品制造业	27.60	116	182.63	1988.30
酒、饮料和精制茶制造业	37.07	107	146.71	1266.30
烟草制品业	1.95	5	4.04	115.00
纺织业	704.87	2252	3685.22	60146.65
纺织服装、服饰业	23.12	167	161.93	2014.80
皮革、毛皮、羽毛及其制品和制鞋业	43.99	221	237.36	2496.70
木材加工及木、竹、藤、棕、草制品业	40.09	258	351.02	66452.70
家具制造业	28.32	109	126.73	1536.20
造纸及纸制品业	278.92	314	1044.77	13364.85
印刷和记录媒介复制业	18.82	130	236.34	2092.90
文教、工美、体育和娱乐用品制造业	41.83	167	237.26	1319.40
石油加工、炼焦和核燃料加工业	461.18	49	383.88	34166.00
化学原料和化学制品制造业	1579.83	33254	5211.29	83137.38

4-3 续表1

行 业	工业废气排放量（亿立方米）	工业废气治理设施数（套）	工业废气治理设施处理能力（万立方米/时）	工业废气治理设施运行费用（万元）
医药制造业	235.70	3880	6582.86	20056.50
化学纤维制造业	357.04	457	994.43	14455.90
橡胶和塑料制品业	500.52	1416	1856.56	14736.60
非金属矿物制品业	3433.51	6620	10996.02	59968.47
黑色金属冶炼及压延加工业	2322.85	525	4084.38	44038.57
有色金属冶炼及压延加工业	225.20	376	645.04	13085.78
金属制品业	373.20	2876	2595.84	19779.02
通用设备制造业	138.80	461	703.27	4688.10
专用设备制造业	58.77	171	371.60	1634.10
汽车制造业	329.48	334	1544.80	7970.00
铁路、船舶、航空航天和其他运输设备制造业	109.63	180	781.92	3716.20
电气机械和器材制造业	381.46	831	1271.71	13128.00
计算机、通信和其他电子设备制造业	91.00	406	481.45	4008.30
仪器仪表制造业	2.68	19	12.91	76.50
其他制造业	45.52	233	1198.38	2296.30
废弃资源综合利用业	29.67	100	168.30	1834.70
金属制品、机械和设备修理业	3.38	1	0.50	0.50
电力、热力生产和供应业	10199.81	961	22903.12	2879767.92
燃气生产和供应业	2.28	2	4.03	520.00
水的生产和供应业				

4-3 续表2

单位:吨

行 业	工业二氧化硫排放量	工业氮氧化物排放量	工业烟(粉)尘排放量
行业总计	**210652.32**	**202550.14**	**144118.33**
农、林、牧、渔服务业	43.02	17.19	40.48
黑色金属矿采选业			
有色金属矿采选业	5.57	2.48	23.10
非金属矿采选业	496.99	67.81	159.23
开采辅助活动			
其他采矿业			
农副食品加工业	2317.51	794.86	1645.69
食品制造业	1200.74	464.71	605.48
酒、饮料和精制茶制造业	605.45	352.42	418.60
烟草制品业	1.87	9.51	0.97
纺织业	23154.39	11553.29	7997.58
纺织服装、服饰业	1117.91	451.64	714.94
皮革、毛皮、羽毛及其制品和制鞋业	733.41	448.30	337.90
木材加工及木、竹、藤、棕、草制品业	547.88	383.85	3251.61
家具制造业	56.99	36.53	415.83
造纸及纸制品业	7771.69	3988.14	3426.90
印刷和记录媒介复制业	807.73	255.27	495.79
文教、工美、体育和娱乐用品制造业	100.91	73.53	137.63
石油加工、炼焦和核燃料加工业	8749.83	4103.89	531.06
化学原料和化学制品制造业	17156.09	11093.77	5643.99

4-3 续表3

单位:吨

行业	工业二氧化硫排放量	工业氮氧化物排放量	工业烟(粉)尘排放量
医药制造业	1499.98	991.38	1300.17
化学纤维制造业	9044.25	5110.03	2104.25
橡胶和塑料制品业	7631.16	2489.70	2717.74
非金属矿物制品业	29829.35	59766.39	51016.99
黑色金属冶炼及压延加工业	10246.62	8916.04	23888.61
有色金属冶炼及压延加工业	1587.79	763.09	1251.42
金属制品业	3137.86	1465.74	2872.29
通用设备制造业	1098.22	565.74	939.89
专用设备制造业	195.60	61.78	342.93
汽车制造业	905.85	538.72	737.11
铁路、船舶、航空航天和其他运输设备制造业	346.67	267.33	742.25
电气机械和器材制造业	295.16	227.38	161.66
计算机、通信和其他电子设备制造业	679.30	298.27	1150.10
仪器仪表制造业	12.76	14.95	24.06
其他制造业	1345.27	431.38	3834.73
废弃资源综合利用业	541.36	228.14	310.78
金属制品、机械和设备修理业	0.39	0.47	3.45
电力、热力生产和供应业	77341.98	86245.15	24859.41
燃气生产和供应业	44.79	71.28	13.71
水的生产和供应业			

4-4 主要城市工业废气排放及处理情况(2016年)

单位:吨

城 市	工业废气排放量(亿立方米)	工 业 二氧化硫排放量	工 业 氮氧化物排放量	工 业 烟(粉)尘排放量	生 活 二氧化硫排放量	生 活 氮氧化物排放量	生 活 烟 尘 排放量
杭州市	2963.27	39499.12	42310.98	20414.20	996.27	334.26	236.46
宁波市	6152.37	41926.94	45927.69	24007.69	1251.20	320.00	2000.00
温州市	1614.16	14920.21	9856.75	4910.78	420.65	98.61	329.92
嘉兴市	2362.38	27437.37	21804.52	10978.08	385.00	93.00	228.00
湖州市	1983.23	28297.77	41708.03	19564.64	256.00	66.87	226.00
绍兴市	1733.11	27499.08	16923.79	14440.72	734.40	364.80	576.00
金华市	1499.97	16320.70	14132.95	16389.87	2704.86	690.19	487.07
衢州市	1973.31	22609.20	22128.25	31078.21	13983.79	189.42	1229.57
舟山市	552.55	1925.05	2757.99	2065.91	307.53	53.77	180.90
台州市	839.42	13174.43	10453.05	9442.80	1194.82	184.20	560.07
丽水市	511.25	11615.60	4487.90	10188.21	815.36	134.68	91.00

五、固体废物

5-1 全省历年工业固体废物产生、排放和综合利用情况(2000-2016年)

年 份	工业固体废物产生量（万吨）	工业固体废物排放量（万吨）	工业固体废物综合利用量（万吨）	工业固体废物贮存量（万吨）	工业固体废物处置量（万吨）	工业固体废物综合利用率（%）
2000	1385.73	6.42	1099.41	142.25	102.51	79.34
2001	1603.15	5.40	1390.24	129.84	139.16	83.56
2002	1778.00	5.16	1506.00	131.55	159.76	83.56
2003	1976.00	4.44	1722.00	33.82	222.40	86.94
2004	2317.66	4.43	2037.27	15.52	256.41	87.83
2005	2513.83	5.64	2335.51	24.61	157.65	92.56
2006	3096.31	5.18	2854.83	90.15	161.91	91.77
2007	3613.45	1.44	3333.72	101.06	179.06	92.23
2008	3785.11	1.67	3497.54	222.53	180.61	92.19
2009	3909.66	0.78	3585.85	74.70	255.96	91.55
2010	4267.58	0.62	4032.81	68.92	174.48	94.31
2011	4528.65	0.34	4128.78	45.29	362.08	91.07
2012	4542.00	0.40	4110.70	69.32	365.90	90.45
2013	4404.26		4123.10	53.80	247.62	93.24
2014	4699.64		4365.14	52.55	294.72	92.75
2015	4677.99		4338.17	43.75	312.41	92.55
2016	4495.67	0.28	4040.18	40.02	459.42	89.34

注:2011年环境保护部门对统计制度中的指标体系、调查方法及相关技术规定等进行了修订,故不能与2010年直接比较。

5-2 各地区固体废物产生和排放情况(2016年)

单位:万吨

地　区	一般工业固体废物产生量	一般工业固体废物综合利用量	一般工业固体废物处置量	一般工业固体废物贮存量	一般工业固体废物倾倒丢弃量
全省	**4262.59**	**3950.70**	**312.21**	**26.56**	**0.28**
杭州市	427.48	368.21	59.31	6.32	
宁波市	1163.08	1146.29	23.60	7.42	
温州市	306.59	219.67	85.00	1.99	
嘉兴市	528.96	488.60	41.14	1.15	
湖州市	174.01	172.70	1.00	0.44	
绍兴市	329.40	312.11	16.85	1.45	
金华市	258.72	250.57	7.76	0.76	0.04
衢州市	539.52	492.36	47.72	1.07	0.01
舟山市	122.28	113.38	8.77	0.16	
台州市	269.79	258.03	11.31	1.33	0.01
丽水市	142.76	128.77	9.75	4.48	0.23

资料来源:省环境保护厅(以下各表同)。

5-2　续表

单位:万吨

地　区	危险废物产生量	危险废物综合利用量	危险废物处置量	危险废物贮存量
全　省	**233.08**	**89.48**	**147.20**	**13.46**
杭州市	23.29	9.27	14.55	1.85
宁波市	73.94	39.89	33.91	0.94
温州市	13.27	1.14	12.05	1.51
嘉兴市	36.18	19.62	15.57	3.24
湖州市	11.29	2.87	8.73	0.23
绍兴市	23.59	3.07	26.62	1.22
金华市	25.05	5.02	19.39	1.80
衢州市	5.06	2.80	2.27	0.13
舟山市	1.60	0.01	1.57	0.12
台州市	15.49	3.21	10.90	2.18
丽水市	4.32	2.60	1.64	0.26

5-3 各地区工业固体废物综合利用和处置情况(2016年)

单位:万吨

地　区	工业固体废物产生量	工业固体废物综合利用量	综合利用往年贮存量	工业固体废物综合利用率(%)
全　省	**4495.67**	**4040.18**	**26.34**	**89.34**
杭州市	450.77	377.48	5.51	82.73
宁波市	1237.01	1186.17	13.37	94.86
温州市	319.86	220.81	0.10	69.01
嘉兴市	565.14	508.22	2.91	89.47
湖州市	185.30	175.56	0.34	94.57
绍兴市	352.99	315.19	0.72	89.11
金华市	283.77	255.59	0.65	89.86
衢州市	544.58	495.16	1.23	90.72
舟山市	123.88	113.39	0.02	91.51
台州市	285.29	261.24	1.16	91.20
丽水市	147.08	131.37	0.33	89.12

5-3　续表

单位:万吨

地　区	工业固体废物处置量	处置往年贮存量	工业固体废物处置率(%)
全　省	**459.42**	**17.89**	**10.18**
杭州市	73.86	3.24	16.27
宁波市	57.52	1.66	4.64
温州市	97.05	1.40	30.21
嘉兴市	56.70	1.26	10.01
湖州市	9.73	0.32	5.24
绍兴市	43.47	7.62	12.05
金华市	27.15	0.91	9.54
衢州市	50.00	0.55	9.17
舟山市	10.34	0.10	8.34
台州市	22.21	0.52	7.77
丽水市	11.39	0.32	7.73

5-4 各行业固体废物产生和排放情况(2016年)

单位:万吨

行　业	一般工业固体废物产生量	一般工业固体废物综合利用量	一般工业固体废物处置量	一般工业固体废物贮存量	一般工业固体废物倾倒丢弃量
行业总计	**3916.96**	**3626.75**	**290.38**	**25.95**	**0.24**
农、林、牧、渔服务业	0.12	0.08	0.04		
黑色金属矿采选业	38.54	38.28	0.18	0.15	0.15
有色金属矿采选业	75.43	72.31	0.15	3.04	0.08
非金属矿采选业	69.97	52.69	13.02	4.25	
开采辅助活动					
其他采矿业	0.02	0.02			
农副食品加工业	25.83	21.22	4.62	…	
食品制造业	9.30	7.66	1.64	0.01	
酒、饮料和精制茶制造业	20.12	17.25	2.86	0.01	
烟草制品业	0.96	0.60	0.28	0.37	
纺织业	202.70	155.13	46.98	2.04	…
纺织服装、服饰业	3.57	3.26	0.32	0.02	
皮革、毛皮、羽毛及其制品和制鞋业	13.97	8.20	5.77	0.18	
木材加工及木、竹、藤、棕、草制品业	6.84	6.31	0.53	…	…
家具制造业	1.16	1.03	0.13	…	
造纸及纸制品业	259.90	247.21	13.22	0.11	
印刷和记录媒介复制业	3.35	3.18	0.17	0.01	
文教、工美、体育和娱乐用品制造业	0.91	0.82	0.09	…	
石油加工、炼焦和核燃料加工业	81.38	81.28	0.10		
化学原料和化学制品制造业	216.93	188.05	29.69	1.66	

5-4 续表1

单位:万吨

行 业	一般工业固体废物产生量	一般工业固体废物综合利用量	一般工业固体废物处置量	一般工业固体废物贮存量	一般工业固体废物倾倒丢弃量
医药制造业	12.65	9.84	2.80	0.04	…
化学纤维制造业	48.31	35.91	12.37	0.04	
橡胶和塑料制品业	23.53	19.10	4.31	0.43	…
非金属矿物制品业	38.80	34.26	4.56	0.03	
黑色金属冶炼及压延加工业	599.97	597.03	2.91	0.03	
有色金属冶炼及压延加工业	56.94	48.19	12.52	2.28	
金属制品业	20.02	17.94	2.09	0.23	…
通用设备制造业	12.74	9.78	2.90	0.14	
专用设备制造业	4.63	3.87	0.76	0.01	…
汽车制造业	19.50	15.08	4.37	0.13	
铁路、船舶、航空航天和其他运输 设备制造业	20.98	11.40	9.45	0.16	
电气机械和器材制造业	8.89	5.75	3.32	0.09	
计算机、通信和 其他电子设备制造业	6.84	5.67	1.12	0.07	
仪器仪表制造业	0.20	0.13	0.07	…	
其他制造业	5.26	4.41	0.85	…	
废弃资源综合利用业	26.13	13.41	12.70	0.17	
金属制品、机械和设备修理业	3.28	3.05	0.23	…	
电力、热力生产和供应业	1977.09	1887.13	93.27	10.20	
燃气生产和供应业	0.20	0.20			
水的生产和供应业					

5-4 续表2

单位:万吨

行　业	危险废物产生量	危险废物综合利用量	危险废物处置量	危险废物贮存量
行业总计	**233.08**	**89.48**	**147.20**	**13.46**
农、林、牧、渔服务业	0.01	0.01	…	…
黑色金属矿采选业				
有色金属矿采选业	…	…		…
非金属矿采选业				
开采辅助活动				
其他采矿业				
农副食品加工业	…	…	…	…
食品制造业	0.03	…	0.02	0.01
酒、饮料和精制茶制造业	0.14	…	0.13	…
烟草制品业	…	…	…	
纺织业	0.88	0.45	0.42	0.12
纺织服装、服饰业	0.06	…	…	0.06
皮革、毛皮、羽毛及其制品和制鞋业	0.26	0.09	0.17	0.05
木材加工及木、竹、藤、棕、草制品业	0.02	0.02	0.01	…
家具制造业	0.24	0.13	0.11	0.01
造纸及纸制品业	0.03	0.01	0.01	…
印刷和记录媒介复制业	0.15	0.01	0.13	0.02
文教、工美、体育和娱乐用品制造业	0.25	0.07	0.18	0.01
石油加工、炼焦和核燃料加工业	2.90	1.38	1.50	0.02
化学原料和化学制品制造业	67.78	35.51	32.07	3.30

5-4 续表3

单位:万吨

行 业	危险废物产生量	危险废物综合利用量	危险废物处置量	危险废物贮存量
医药制造业	10.38	4.84	4.85	1.49
化学纤维制造业	0.74	0.09	0.73	0.11
橡胶和塑料制品业	1.30	0.08	1.06	0.21
非金属矿物制品业	0.04	0.02	0.04	0.01
黑色金属冶炼及压延加工业	16.38	11.66	4.89	0.21
有色金属冶炼及压延加工业	5.97	3.65	2.59	0.85
金属制品业	36.16	11.72	23.79	2.91
通用设备制造业	6.15	1.36	4.72	0.22
专用设备制造业	0.38	0.06	0.29	0.05
汽车制造业	3.16	0.54	2.67	0.13
铁路、船舶、航空航天和其他运输设备制造业	0.61	0.02	0.54	0.10
电气机械和器材制造业	5.78	3.22	2.47	0.22
计算机、通信和其他电子设备制造业	10.22	7.90	2.30	0.19
仪器仪表制造业	0.21	0.16	0.07	0.01
其他制造业	0.96	0.07	0.81	0.12
废弃资源综合利用业	4.28	3.35	1.02	0.45
金属制品、机械和设备修理业	0.15	…	0.13	0.04
电力、热力生产和供应业	57.46	3.05	59.48	2.55
燃气生产和供应业	…		…	
水的生产和供应业				

5-5 各行业工业固体废物综合利用和处置情况(2016年)

单位:万吨

行 业	工业固体废物产生量	工业固体废物综合利用量	综合利用往年贮存量	工业固体废物综合利用率(%)
行业合计	**3916.96**	**3626.75**	**22.46**	**92.06**
农、林、牧、渔服务业	0.12	0.08		66.37
黑色金属矿采选业	38.54	38.28	0.11	99.04
有色金属矿采选业	75.43	72.31	0.08	95.77
非金属矿采选业	69.97	52.69		75.31
开采辅助活动				
其他采矿业	0.02	0.02		100.00
农副食品加工业	25.83	21.22	0.02	82.10
食品制造业	9.30	7.66	0.01	82.28
酒、饮料和精制茶制造业	20.12	17.25	…	85.73
烟草制品业	0.96	0.60	0.28	48.15
纺织业	202.70	155.13	0.82	76.22
纺织服装、服饰业	3.57	3.26	0.01	91.12
皮革、毛皮、羽毛及其制品和制鞋业	13.97	8.20	0.15	58.08
木材加工及木、竹、藤、棕、草制品业	6.84	6.31	…	92.24
家具制造业	1.16	1.03	0.01	88.95
造纸及纸制品业	259.90	247.21	0.57	94.91
印刷和记录媒介复制业	3.35	3.18	0.01	94.68
文教、工美、体育和娱乐用品制造业	0.91	0.82		89.83
石油加工、炼焦和核燃料加工业	81.38	81.28		99.88
化学原料和化学制品制造业	216.93	188.05	1.09	86.25

5-5 续表1

单位:万吨

行　业	工业固体废物产生量	工业固体废物综合利用量	综合利用往年贮存量	工业固体废物综合利用率(%)
医药制造业	12.65	9.84	0.01	77.72
化学纤维制造业	48.31	35.91		74.32
橡胶和塑料制品业	23.53	19.10	0.30	80.16
非金属矿物制品业	38.80	34.26	0.04	88.19
黑色金属冶炼及压延加工业	599.97	597.03	…	99.51
有色金属冶炼及压延加工业	56.94	48.19	4.82	78.02
金属制品业	20.02	17.94	0.16	88.92
通用设备制造业	12.74	9.78	0.06	76.45
专用设备制造业	4.63	3.87	0.01	83.44
汽车制造业	19.50	15.08	0.08	77.03
铁路、船舶、航空航天和其他运输设备制造业	20.98	11.40	0.03	54.28
电气机械和器材制造业	8.89	5.75	0.21	63.16
计算机、通信和其他电子设备制造业	6.84	5.67	0.01	82.74
仪器仪表制造业	0.20	0.13	0.01	63.25
其他制造业	5.26	4.41		83.86
废弃资源综合利用业	26.13	13.41	0.07	51.18
金属制品、机械和设备修理业	3.28	3.05		93.13
电力、热力生产和供应业	1977.09	1887.13	13.51	94.80
燃气生产和供应业	0.20	0.20		100.00
水的生产和供应业				

5-5 续表2

单位:万吨

行　业	工业固体废物处置量	处置往年贮存量	工业固体废物处置率(%)
行业合计	**290.38**	**3.90**	**7.31**
农、林、牧、渔服务业	0.04	…	33.63
黑色金属矿采选业	0.18	0.11	0.18
有色金属矿采选业	0.15	0.08	0.10
非金属矿采选业	13.02		18.61
开采辅助活动			
其他采矿业			
农副食品加工业	4.62		17.90
食品制造业	1.64	…	17.59
酒、饮料和精制茶制造业	2.86		14.23
烟草制品业	0.28	0.01	28.10
纺织业	46.98	0.63	22.86
纺织服装、服饰业	0.32	0.02	8.26
皮革、毛皮、羽毛及其制品和制鞋业	5.77	0.03	41.07
木材加工及木、竹、藤、棕、草制品业	0.53		7.76
家具制造业	0.13	…	11.06
造纸及纸制品业	13.22	0.06	5.06
印刷和记录媒介复制业	0.17	…	4.91
文教、工美、体育和娱乐用品制造业	0.09		10.17
石油加工、炼焦和核燃料加工业	0.10		0.12
化学原料和化学制品制造业	29.69	1.38	13.05

5-5 续表3

单位:万吨

行 业	工业固体废物处置量	处置往年贮存量	工业固体废物处置率（%）
医药制造业	2.80	0.02	21.99
化学纤维制造业	12.37	0.01	25.59
橡胶和塑料制品业	4.31	0.02	18.24
非金属矿物制品业	4.56	…	11.74
黑色金属冶炼及压延加工业	2.91	…	0.48
有色金属冶炼及压延加工业	12.52	1.23	19.84
金属制品业	2.09	0.08	10.01
通用设备制造业	2.90	0.03	22.52
专用设备制造业	0.76	…	16.35
汽车制造业	4.37	0.01	22.38
铁路、船舶、航空航天和其他运输 设备制造业	9.45	…	45.01
电气机械和器材制造业	3.32	0.06	36.67
计算机、通信和 其他电子设备制造业	1.12	0.01	16.23
仪器仪表制造业	0.07		36.21
其他制造业	0.85		16.06
废弃资源综合利用业	12.70	0.08	48.29
金属制品、机械和设备修理业	0.23	…	6.85
电力、热力生产和供应业	93.27		4.72
燃气生产和供应业			
水的生产和供应业			

六、自然生态

6-1 全省历年自然生态情况(2000-2016年)

年　份	自然保护区数（个）	自然保护区面　积（万公顷）	保护区面积占辖区面积比重（%）	累计除涝面积（千公顷）	累计水土流失治理面积（千公顷）
2000	29	13.20	1.30	474.50	2117.45
2001	29	13.50	1.30	472.12	2067.35
2002	46	15.90	1.56	477.03	2072.38
2003	50	16.20	1.59	479.93	2134.07
2004	50	27.70	2.70	482.76	2207.62
2005	55	26.30	2.50	489.28	2227.95
2006	137	26.40	2.54	491.88	2256.03
2007	48	12.43	1.20	495.36	2336.72
2008	32	13.02	1.25	496.61	2334.58
2009	32	13.02	1.25	496.61	2401.85
2010	87	16.22	1.46	496.71	2431.64
2011	32	19.79	1.90	499.71	3601.31
2012	32	19.79	1.90	501.44	3579.64
2013	33	20.00	1.92	507.30	3645.59
2014	33	20.00	1.92	523.52	3644.48
2015	35	20.13	1.93	537.65	3655.40
2016	37	21.28	2.03	548.33	3699.86

6-2 各地区自然保护基本情况(2016年)

地　区	自然保护区　数（个）	#国家级	#省级	自然保护区面　积（万公顷）	#国家级	#省级	保护区面积占辖区面积比重（%）
全　省	**37**	**10**	**14**	**21.28**	**14.75**	**3.04**	**2.03**
杭州市	3	2		1.56	1.55		0.94
宁波市	5	1		6.35	4.85		6.47
温州市	4	2	1	4.14	3.90	0.19	3.43
嘉兴市							
湖州市	6	1	2	0.73	0.03	0.14	1.25
绍兴市	3		2	1.00		0.99	1.21
金华市	4	1		1.81	0.46		1.65
衢州市	5	1	4	1.84	0.81	1.03	2.08
舟山市	1		1	0.05		0.05	0.34
台州市	1		1	0.27		0.27	0.29
丽水市	5	2	3	3.53	3.16	0.37	2.04

资料来源:省环境保护厅。

6-3 海洋类型自然、特别保护区建设情况(2016年)

保护区名称	海洋自然保护区						
	保护区数量(个)		按保护级别分(个)			按保护类型分(个)	
	已建	新建	国家级	省级	市、县级	海洋和海岸生态系统	海 洋生物物种
全　　省	**6**		**2**	**3**	**1**	**3**	**1**
韭山列岛国家自然保护区	1		1			1	
温岭市洛(屿)三(蒜)牛(山)资源增值保护区	1				1		
定海区五峙山列岛鸟类自然保护区	1			1		1	
南麂列岛国家级海洋自然保护区	1		1				1
秀山湿地自然保护区	1			1			
小沙河海滩岩自然保护区	1			1		1	
渔山列岛国家级海洋生态特别保护区							
省级台州大陈海洋生态特别保护区							
玉环国家级海洋公园							
其中:玉环披山海洋特别保护区							
嵊泗马鞍列岛海洋特别保护区							
普陀中街山列岛海洋特别保护区							
乐清西门岛国家级海洋特别保护区							
瑞安铜盘岛省级海洋特别保护区							
洞头南北爿山省级海洋特别保护区							
七星岛海洋特别保护区							
洞头国家级海洋公园							
温州龙湾海洋公园							
宁波象山花岙岛国家级海洋公园							

资料来源:省海洋与渔业局。

6-3 续表

保护区名称	海洋自然保护区			海洋特别保护区				
	按保护类型分（个）		保护区面积（平方公里）	保护区数量（个）		按保护级别分（个）		保护区面积（平方公里）
	海洋自然遗迹和非生物资源	其它		已建	新建	国家级	地方级	
全　　省	**1**	**1**	**726.16**	**11**	**2**	**7**	**6**	**2146.2**
韭山列岛国家自然保护区			484.78					
温岭市洛（屿）三（蒜）牛（山）资源增值保护区		1	30					
定海区五峙山列岛鸟类自然保护区			5					
南麂列岛国家级海洋自然保护区			201.06					
秀山湿地自然保护区	1		4.92					
小沙河海滩岩自然保护区			0.40					
渔山列岛国家级海洋生态特别保护区				1		1		57.00
省级台州大陈海洋生态特别保护区				1			1	21.60
玉环国家级海洋公园					1	1		306.69
其中：玉环披山海洋特别保护区				1			1	114.70
嵊泗马鞍列岛海洋特别保护区				1		1		549.00
普陀中街山列岛海洋特别保护区				1		1		202.90
乐清西门岛国家级海洋特别保护区				1		1		30.80
瑞安铜盘岛省级海洋特别保护区				1			1	22.08
洞头南北爿山省级海洋特别保护区				1			1	8.84
七星岛海洋特别保护区				1			1	8.80
洞头国家级海洋公园				1		1		892.30
温州龙湾海洋公园				1			1	2.00
宁波象山花岙岛国家级海洋公园					1	1		44.19

6-4 各地区地质公园建设情况(2016年)

地　区	地质公园(个)	#国家级	地质公园面积(公顷)	#国家级	地质公园类别(个) 地质构造、剖面和形迹	古生物化石	地质地貌景观	建设投资(万元)	#本年投资
全　省	**13**	**4**	**89882**	**43363**	**2**	**1**	**10**	**97331**	**21699**
杭州市	1		2017				1	230	
宁波市	2		9740		1		1	3820	850
温州市	1	1	29460	29460			1	31246	11560
嘉兴市									
湖州市									
绍兴市	1	1	6026	6026		1		45775	7500
金华市	1		5084				1	1022	300
衢州市	2	1	4958	4017	1		1	5805	
舟山市									
台州市	3	1	17259	3860			3	5509	1089
丽水市	2		15338				2	3924	400

资料来源:省国土资源厅(下表同)。

6-5 各地区矿山环境保护情况(2016年)

地　区	累计矿山占用破坏土地(公顷)	矿山环境恢复治理 投入资金(万元)	本年恢复面积(公顷)
全　省	**15124.61**	**46529.34**	**569.02**
杭州市	2257.67	7509.66	42.12
宁波市	1432.07	5766.06	48.56
温州市	1147.58	5778.58	11.60
嘉兴市			
湖州市	5131.00	5080.00	259.38
绍兴市	1233.30	3532.78	67.38
金华市	1513.83	6706.06	44.47
衢州市	1283.68	4216.00	35.07
舟山市	399.62	4079.39	9.36
台州市	392.55	2147.10	40.64
丽水市	333.31	1713.71	10.44

6-6 各流域除涝和水土流失治理情况(2016年)

单位:千公顷

流域片	累　计 除涝面积	本年新增 除涝面积	累计水土流失 治理面积	#小流域 治理面积	本年新增 水土流失治理面积
浙江省	**548.33**	**10.68**	**3699.86**	**746.71**	**27.17**
太湖流域	285.37	8.06	801.72	287.21	2.67
东南诸河流域	262.96	2.62	2898.14	459.50	24.50

资料来源:省水利厅(以下各表同)。

6-7 各地区除涝和水土流失治理情况(2016年)

单位:千公顷

地　区	累　计 除涝面积	本年新增 除涝面积	累计水土流失 治理面积	#小流域 治理面积	本年新增 水土流失治理面积
全　省	**548.33**	**10.68**	**3699.86**	**746.71**	**27.17**
杭州市	59.93	0.15	654.78	143.38	1.50
宁波市	80.15		259.91	12.65	2.26
温州市	68.13	0.18	505.63	58.48	5.90
嘉兴市	128.54	7.07	3.39	0.28	0.02
湖州市	96.90	0.84	143.55	19.27	1.15
绍兴市	42.06	0.20	244.33	58.97	3.30
金华市	12.36		287.98	178.41	2.47
衢州市	3.77	0.22	386.52	94.39	2.20
舟山市	6.21	0.01	56.24		0.73
台州市	39.39	1.55	252.07	11.76	1.83
丽水市	10.89	0.46	905.46	169.12	5.81

6-8 各地区湿地情况

单位:公顷

地区	湿地面积	自然湿地					人工湿地	湿地面积占我省土地面积比重(%)
			近岸及海岸	河流	湖泊	沼泽		
全省	**1110103**	**843465**	**692699**	**141229**	**8793**	**744**	**266638**	**10.59**
杭州市	117816	39818	22492	16729	556	41	77998	7.10
宁波市	231656	193157	181002	11762	124	270	38499	23.60
温州市	214554	197252	184727	12513	12		17301	17.75
嘉兴市	81721	72713	50491	18491	3689	42	9008	19.35
湖州市	47803	21268		17186	3984	97	26535	8.21
绍兴市	58935	35241	19004	15839	308	91	23694	7.12
金华市	32004	11316		11269	39	9	20688	2.92
衢州市	21502	10816		10734		82	10686	2.43
舟山市	68871	62949	62769	180			5921	47.30
台州市	206106	184583	171448	12976	81	78	21524	21.90
丽水市	29136	14351	766	13551		34	14785	1.68

资料来源:省林业厅。

注:该数据为2012年的调查数,湿地调查起点面积在8公顷以上,不含人工湿地水稻田面积。

七、土地利用

7-1 全省历年土地利用情况(2000-2016年)

单位:万公顷

年 份	农用地	耕 地	园 地	林 地	牧草地	其他农用地	建设用地	城镇村及工矿用地	交通运输用地(不含农村道路)	水利设施用地
2000	872.96	208.93	60.02	555.36	0.16	48.49	78.21	58.69	5.31	14.21
2001	871.45	208.17	58.97	556.25	0.15	47.91	80.50	60.71	5.51	14.28
2002	868.99	204.61	58.28	557.11	0.15	48.84	83.77	63.58	5.83	14.36
2003	866.28	203.04	56.82	557.36	0.15	48.91	87.42	66.70	6.34	14.38
2004	864.08	199.86	58.22	557.07	0.15	48.78	90.68	69.28	7.01	14.39
2005	871.15	194.77	65.54	562.05	0.05	48.74	94.09	72.63	8.00	13.46
2006	872.66	191.65	69.23	564.48	0.05	47.25	97.48	75.40	8.57	13.51
2007	869.88	191.75	67.79	563.71	0.05	46.58	101.31	78.64	9.03	13.64
2008	867.15	192.09	66.15	562.88	0.05	45.98	104.93	81.71	9.46	13.76
2009	871.16	198.67	62.90	568.73	0.04	40.82	114.23	88.90	11.72	13.61
2010	869.26	198.37	62.09	568.14	0.03	40.63	117.03	91.05	12.33	13.65
2011	867.59	198.16	61.27	567.49	0.03	40.64	119.51	92.94	12.80	13.77
2012	866.07	197.94	60.58	566.92	0.03	40.60	121.58	94.70	13.09	13.79
2013	864.21	197.85	59.79	566.16	0.03	40.38	124.09	96.69	13.52	13.88
2014	862.43	197.66	59.08	565.33	0.03	40.33	126.61	98.68	13.97	13.96
2015	861.22	197.79	58.50	564.65	0.03	40.24	128.32	99.94	14.35	14.03
2016	859.88	197.46	58.03	564.25	0.03	40.11	130.09	101.18	14.79	14.13

注:1、表内数据为年度土地变更调查数据。

2、2000年、2001年土地利用分类为《土地利用现状分类》(8大类)分类,2002-2008为《全国土地分类》(过渡时期适用)分类,2009年-2014年土地利用分类为《土地利用现状分类》(GBT21010-2007)分类;为使数据有可比性,2000年、2001年、2009年-2014年数据按《全国土地分类》(过渡时期适用)地类进行归并统计。

3、2002年开始,土地分类增设了可调整地类(耕地变为可调整地类不视为耕地减少),本表中耕地面积未包含可调整地类面积,园地、林地、草地中则未扣除可调整地类面积。

4、2009年数据来自于浙江省第二次土地调查。

5、二次调查前,城镇村及工矿用地地类在土地利用分类标准中名称为居民点及工矿用地。

7-2 各地区土地利用情况(2016年)

单位:公顷

地 区	土地调查面 积	农用地	耕 地	园 地	林 地	牧草地	其 他农用地
全省	**10554570.98**	**8598822.31**	**1974643.35**	**580256.05**	**5642454.30**	**342.85**	**401125.76**
杭州市	1685003.13	1373897.28	210176.92	102126.57	1018557.25	31.52	43005.02
宁波市	972909.82	672038.86	217393.08	44368.84	370212.47		40064.47
温州市	1208263.76	975183.62	242232.19	30921.99	651872.29		50157.15
嘉兴市	422286.79	252506.43	206146.05	20569.95	2671.61		23118.82
湖州市	582025.74	453700.33	150885.69	50580.51	215966.76		36267.37
绍兴市	827907.98	657170.49	198476.88	62427.97	354047.00		42218.64
金华市	1094174.69	933699.59	221301.40	72944.88	589108.82		50344.49
衢州市	884455.18	785083.21	139845.99	82723.67	534315.57		28197.98
舟山市	145577.94	84050.01	23137.39	2110.42	50750.79		8051.41
台州市	1004445.72	790566.80	192363.79	58019.43	503144.27		37039.31
丽水市	1727520.23	1620925.69	172683.97	53461.82	1351807.47	311.33	42661.10

资料来源:省国土资源厅(下表同)。

7-2 续表

单位:公顷

地　区	建设用地	城镇村及工矿用地	交通运输用地（不含农村道路）	水利设施用　地
全　省	**1300941.42**	**1011755.18**	**147862.90**	**141323.34**
杭州市	238815.01	156111.88	24899.88	57803.25
宁波市	191324.71	156479.30	21911.85	12933.56
温州市	114410.96	93842.61	13599.71	6968.64
嘉兴市	116060.12	102240.15	12602.62	1217.35
湖州市	95674.72	78177.10	10736.79	6760.83
绍兴市	120001.64	97000.39	13880.42	9120.83
金华市	134410.98	104835.50	16318.32	13257.16
衢州市	73603.80	55434.15	8445.50	9724.15
舟山市	34846.91	28497.27	4423.52	1926.12
台州市	121365.55	97275.81	12671.43	11418.31
丽水市	60427.02	41861.02	8372.86	10193.14

7-3 各地区耕地变动情况(2016年)

单位:公顷

地区	年初耕地面积	本年增加耕地面积						
			土地整治	增减挂钩	工矿废弃地复垦	土地整理田坎等	农业结构调整	其他
全省	**1977877.28**	**7612.82**	**6945.20**	**452.57**		**0.30**	**3.31**	**211.44**
杭州市	211116.17	557.88	535.84	21.18			0.18	0.68
宁波市	218094.94	573.40	572.27				0.55	0.58
温州市	242418.73	1022.82	1022.58	0.13			0.08	0.03
嘉兴市	206874.60	947.39	478.16	286.87			0.37	181.99
湖州市	151215.55	485.90	373.74	112.09			0.01	0.06
绍兴市	198688.72	917.54	905.38	11.76		0.30	0.10	
金华市	221733.35	362.15	361.39	0.68			0.07	0.01
衢州市	139530.99	717.00	693.45	19.86			0.35	3.34
舟山市	23370.10	53.65	40.01					13.64
台州市	192428.73	1251.31	1240.98				0.42	9.91
丽水市	172405.40	723.78	721.40				1.18	1.20

7-3 续表

单位:公顷

地 区	本年减少耕地面积	建设占用	其他	年末耕地面积	人均耕地面积（亩）
全 省	**10846.75**	**10401.31**	**445.44**	**1974643.35**	**0.53**
杭州市	1497.13	1440.90	56.23	210176.92	0.34
宁波市	1275.26	1220.91	54.35	217393.08	0.41
温州市	1209.36	1141.49	67.87	242232.19	0.40
嘉兴市	1675.94	1633.39	42.55	206146.05	0.67
湖州市	815.76	771.08	44.68	150885.69	0.76
绍兴市	1129.38	1098.08	31.30	198476.88	0.60
金华市	794.10	757.98	36.12	221301.40	0.60
衢州市	402.00	365.50	36.50	139845.99	0.97
舟山市	286.36	285.43	0.93	23137.39	0.30
台州市	1316.25	1285.82	30.43	192363.79	0.47
丽水市	445.21	400.73	44.48	172683.97	1.20

八、林业

8-1 全省历年造林情况(2000-2016年)

单位:公顷

年 份	造林总面积	人工造林	飞播造林	新封山育林
2000	246240	33310		212930
2001	806435	21388		785047
2002	33874	21206		12668
2003	40691	22114		18577
2004	29796	20948		8848
2005	30446	20341		10105
2006	19588	11368		8220
2007	11584	6206		5378
2008	8524	6892		1632
2009	27422	19378		8044
2010	15214	12999		2215
2011	40473	36536		3937
2012	43923	34473		9450
2013	42362	30310		12052
2014	39396	26720		12676
2015	32023	20985		11038
2016	55648	12837		4784

注:自2015年起造林面积包括人工造林、飞播造林、新封山育林、退化林修复和人工更新。

8-2 各地区造林情况(2016年)

单位:公顷

地　区	人工造林总面积	按林种用途分				
		用材林	经济林	防护林	薪炭林	特　殊用途林
全　省	**12837**	**1788**	**3791**	**6439**	**135**	**684**
杭州市	1578	295	507	657		119
宁波市	1366	59	448	632		227
温州市	1933	133	585	1160		55
嘉兴市	711		147	564		
湖州市	694	2	6	684		2
绍兴市	1490	267	601	427		195
金华市	396	61	127	177		31
衢州市	1088	316	306	466		
舟山市	119			86		33
台州市	901		222	544	135	
丽水市	2561	655	842	1042		22

资料来源:省林业厅(以下各表同)。

注:自2015年起造林面积包括人工造林、飞播造林、新封山育林、退化林修复和人工更新。

8-2　续表

单位:公顷

地　区	造林总面积	按造林方式分				
		人工造林	飞机播种	新封山育林	退化林修复	人工更新
全　省	**55648**	**12837**		**4784**	**27398**	**10629**
杭州市	7069	1578		1112	1884	2495
宁波市	1912	1366		262	198	86
温州市	7058	1933			4386	739
嘉兴市	727	711				16
湖州市	5819	694		667	4379	79
绍兴市	7970	1490		327	6150	3
金华市	3312	396		346	1128	1442
衢州市	3253	1088		333	40	1792
舟山市	140	119				21
台州市	1993	901		171	235	686
丽水市	16395	2561		1566	8998	3270

8-3 三北、长江流域等重点防护林体系工程建设情况(2016年)

单位:公顷

地　区	当　年 造林面积	人工造林	飞播造林	新封山育林	退化林修复	实　际 完成投资 (万元)	#中央投资
全　省	**2807**	**2125**		**667**	**15**	**3215**	**989**
杭州市	783	316		467		277	114
宁波市							
温州市							
嘉兴市	209	209				439	92
湖州市	513	513				616	231
绍兴市	67	67				1000	24
金华市							
衢州市							
舟山市	16	16				240	6
台州市	150	135			15	106	45
丽水市	1069	869		200		537	477

8-4 各地区林业系统野生动植物及自然保护区工程建设情况(2016年)

单位:个,公顷

地　区	自然保护 区　数	#国家级	自然保护区 面　积	#国家级	野生植物就地保护点		野生动物 种源繁育 基地数
					个数	面积	
全　省	**17**	**7**	**101711**	**78639**	**95**	**50047**	**824**
杭州市	2	2	15536	15536	4	16376	106
宁波市					2	254	97
温州市	2	1	19417	18862			105
嘉兴市							42
湖州市	2		1485				78
绍兴市	2		9924				17
金华市	2	1	7558	4558	5	880	83
衢州市	2	1	9383	8107			70
舟山市							31
台州市	1		2701		32	24188	94
丽水市	4	2	35707	31576	52	8349	101

8-4 续表

单位:个、万元

地 区	国际重要湿地		野 生植物种源培育基地	野 生动物观赏展演单位	植物园	林业投资完成额(万元)	
	个 数	面 积(公顷)					#中央投资
全 省	**1**	**325**	**16**	**14**		**2439**	**241**
杭州市	1	325	3	2		56	
宁波市				2			
温州市				1			
嘉兴市							
湖州市				1		622	
绍兴市				1			
金华市			7	4		16	
衢州市						1270	200
舟山市			1				
台州市				3		1	
丽水市			5			474	41

九、自然灾害及突发事件

9-1 全省历年自然灾害情况(2000-2016年)

年　份	地质灾害			地震灾害		
	灾害次数(次)	人员伤亡(人)	直接经济损失(万元)	灾害次数(次)	人员伤亡(人)	直接经济损失(万元)
2000	90	17	4270.00			
2001	63	17	784.00			
2002	201	13	3172.70			
2003	62	1	454.55			
2004	97	50	6182.00			
2005	375	66	8499.88			
2006	192	47	4301.00	1		9936.10
2007	61	19	1868.40			
2008	116	3	688.50			
2009	247	35	6584.10			
2010	650	23	8772.50			
2011	679	4	3550.30			
2012	747	1	11361.43			
2013	778	9	3830.30			
2014	243	11	3929.02	1		21743.00
2015	385	50	7742.60			
2016	400	45	10168.30			

9-1　续表

年　份	海洋灾害			森林火灾		
	灾害次数（次）	死亡、失踪人数（人）	直接经济损失（万元）	灾害次数（次）	人员伤亡（人）	经济损失（万元）
2000				760	45	75.57
2001				369	5	32.54
2002				639	15	104.11
2003	38	5	0.9	866	18	244.66
2004	62	41	12.2	1125	46	187.26
2005	55	21	40.3	718	24	2666.81
2006	54	36	8.1	330	15	943.72
2007	6	11	16	272	7	786.64
2008	46	8	1.0	425	14	2676.18
2009	43	17	12.0	247	5	1406.22
2010	61	39	0.2	97		200.12
2011	12	14	59057.0	433	12	3784.63
2012	27	13	426671.0	139		2212.90
2013	112	24	2817421.3	206	2	3683.64
2014	72	13	43691.0	155	9	2317.02
2015	32		815075.5	67	3	1014.77
2016	36	17	40216.0	83	2	953.82

注:2010年(含)前海洋灾害直接经济损失计量单位为亿元。

9-2 各地区自然灾害损失情况(2016年)

单位:千公顷

地 区	合 计		旱 灾		洪涝灾害	
	受 灾	绝 收	受 灾	绝 收	受 灾	绝 收
浙江省	**456.01**	**19.46**			**75.85**	**5.56**
杭州市	42.56	1.90			4.91	0.88
宁波市	11.13	0.94				
温州市	89.99	7.18			1.93	0.13
嘉兴市						
湖州市	84.04	2.86			42.33	2.66
绍兴市						
金华市	23.58	1.44			15.87	1.14
衢州市	92.93	2.27			6.58	0.25
舟山市	2.89	0.06				
台州市	51.41	0.79				
丽水市	57.47	2.02			4.22	0.49

资料来源:省民政厅。

9-2　续表 1

单位:千公顷

地 区	风雹灾害		台风灾害		低温冷冻和雪灾害	
	受 灾	绝 收	受 灾	绝 收	受 灾	绝 收
浙江省	**0.40**		**113.58**	**9.54**	**266.19**	**4.36**
杭州市			0.87		36.79	1.02
宁波市			11.13	0.94		
温州市			69.60	6.57	18.46	0.47
嘉兴市						
湖州市			1.13		40.58	0.20
绍兴市						
金华市			0.95	0.05	6.77	0.24
衢州市			0.92		85.43	2.02
舟山市					2.89	0.06
台州市			14.93	0.79	36.48	
丽水市	0.40		14.05	1.18	38.80	0.35

9-2 续表 2

地 区	病虫害		山体滑坡和泥石流灾害		人口受灾		直接经济损失（万元）
	受 灾	绝 收	受 灾	绝 收	受灾人口（万人次）	死亡人口（人）	
浙江省					**436.93**	**54**	**1673108.93**
杭州市					20.11	6	68177.00
宁波市					0.57		12030.55
温州市					191.82	18	936967.28
嘉兴市							
湖州市					30.07	1	143806.00
绍兴市							
金华市					48.59		42541.25
衢州市					21.43		52249.86
舟山市					3.58		17774.60
台州市					42.31		145626.00
丽水市					78.46	29	253936.38

9-3 地质灾害及防治情况(2016年)

地 区	发生地质灾害起数（次）	#滑 坡	#崩 塌	#泥石流	#地面塌陷	直接经济损失（万元）
全 省	**400**	**280**	**37**	**83**		**10168.3**
杭州市	28	4	2	22		1204.0
宁波市	10	1	9			22.0
温州市	260	214	4	42		4926.2
嘉兴市						
湖州市	1		1			5.0
绍兴市	4	2	2			6.3
金华市	9	3	5	1		72.3
衢州市	15	8	5	2		167.5
舟山市	2		2			30.0
台州市	2		2			160.0
丽水市	69	48	5	16		3575.0

资料来源:省国土资源厅。

9-3　续表

地　区	人员伤亡（人）	#死亡人数	地质灾害防治项目数（个）	地质灾害防治投资（万元）
全　省	**45**	**38**	**1844**	**78823.5**
杭州市	6	6	630	21858.6
宁波市			58	3841.4
温州市	9	6	335	9241.1
嘉兴市				410.4
湖州市			48	1767.0
绍兴市			320	8698.3
金华市			59	8874.1
衢州市			39	2036.9
舟山市			86	5102.4
台州市			67	3548.7
丽水市	30	26	202	13444.6

9-4 海洋灾害情况（2016年）

灾　种	发生次数（次）	死亡、失踪人数（人）	直接经济损失（万元）
合 计	**36**	**17**	**40216.0**
风暴潮	2		24005.0
赤 潮	27		
海 浪	6	17	191.0
海 冰			
溢 油			
海水低温冻害	1		16020.0
其 他			

资料来源：省海洋与渔业局。

9-5 各地区森林火灾情况(2016年)

地 区	森林火灾次数(次)	一般火灾	较大火灾	重大火灾	特大火灾	火场总面积(公顷)
全 省	**83**	**23**	**60**			**616.55**
杭州市	7	2	5			39.10
宁波市	3	2	1			9.47
温州市	28	8	20			222.76
嘉兴市						
湖州市	1	1				1.60
绍兴市	2		2			9.34
金华市	8	2	6			42.12
衢州市	6		6			49.86
舟山市						
台州市	13	4	9			60.72
丽水市	15	4	11			181.58

资料来源:省林业厅(下表同)。

9-5 续表

地 区	受害森林面积(公顷)	#天然林	#人工林	伤亡人数(人)	#死亡人数	经济损失(万元)
全 省	**313.03**	**113.20**	**199.83**	**2**	**1**	**953.82**
杭州市	19.86	1.20	18.66	1		62.41
宁波市	3.13	1.13	2.00	1	1	47.38
温州市	104.88	46.15	58.73			223.76
嘉兴市						
湖州市	0.50	0.50				3.80
绍兴市	3.84	3.84				15.25
金华市	23.08	17.08	6.00			116.25
衢州市	34.16	4.80	29.36			204.63
舟山市						
台州市	31.57	20.45	11.12			80.82
丽水市	92.01	18.05	73.96			199.52

9-6 各地区森林病虫鼠害防治情况(2016年)

单位:公顷,%

地 区	合 计			森林病害		
	发生面积	防治面积	防治率	发生面积	防治面积	防治率
全 省	**140025**	**127034**	**90.72**	**13294**	**8806**	**66.24**
杭州市	16871	11942	70.78	4060	554	13.64
宁波市	5867	5834	99.44	4253	4253	100.00
温州市	31036	30966	99.77	1243	1243	100.00
嘉兴市	122	29	23.36			100.00
湖州市	10761	7287	67.72	1117	635	56.87
绍兴市	18899	17347	91.79	769	706	91.81
金华市	6584	3636	55.23	236	65	27.47
衢州市	4385	3644	83.10	150	124	82.67
舟山市	1818	357	19.64	594		
台州市	9071	11122	100.00	372	372	100.00
丽水市	34611	34870	100.00	501	854	100.00

9-6 续表

单位:公顷,%

地 区	森林虫害			森林鼠害		
	发生面积	防治面积	防治率	发生面积	防治面积	防治率
全 省	**126732**	**118228**	**93.29**			
杭州市	12811	11388	88.89			
宁波市	1614	1581	97.96			
温州市	29793	29723	99.77			
嘉兴市	122	29	23.36			
湖州市	9645	6652	68.97			
绍兴市	18130	16641	91.79			
金华市	6348	3572	56.27			
衢州市	4235	3520	83.12			
舟山市	1224	357	29.17			
台州市	8699	10750	100.00			
丽水市	34111	34016	99.72			

9-7 各地区突发环境事件情况(2016年)

单位:次

地　区	突发环境事件次数	特别重大环境事件	重大环境事件	较大环境事件	一般环境事件
全　省	**16**				**16**
杭州市	1				1
宁波市	3				3
温州市	3				3
嘉兴市	2				2
湖州市	2				2
绍兴市	3				3
金华市					
衢州市	1				1
舟山市					
台州市	1				1
丽水市					

资料来源:省环境保护厅。

十、环境投资

10-1 全省历年环境污染治理投资情况(2000-2016年)

单位:万元

年 份	环境污染治理投资总额	城镇环境基础设施建设投资	燃 气	集中供热	排 水	园林绿化	市 容环境卫生
2000	840579.0	530414.0	17661.0	6263.0	22649.0	342753.0	141088.0
2001	1049904.0	798221.0	36545.0	8955.0	347363.0	295167.0	110191.0
2002	1209424.0	898994.0	31488.0	2069.0	369536.0	381195.0	114706.0
2003	1583499.0	1184386.0	56554.0	2782.0	429447.0	563312.0	132291.0
2004	1560046.0	1083833.0	67921.0	72439.0	366715.0	444765.0	131993.0
2005	1639809.0	879265.0	103509.0	62785.0	370163.0	328811.0	13997.0
2006	1584584.0	761713.0	83692.0	48119.0	304991.0	234464.0	90447.0
2007	1981389.0	863248.0	8382.0	38045.0	390156.0	339126.0	87539.0
2008	5433359.2	1290464.0	115681.0	24275.0	572912.0	491384.0	86212.0
2009	2210508.0	1220882.0	111798.0	20618.0	510848.0	451429.0	126189.0
2010	3553282.0	1168611.0	136725.0	19296.0	392342.0	506158.0	114090.0
2011	2400326.0	1332307.0	175381.0	20438.0	284053.0	735266.0	117169.0
2012	3268304.1	1636309.0	192958.0	13781.0	362571.0	881554.0	185445.0
2013	3903954.2	1564862.0	210460.0	8890.0	429905.0	822477.0	93130.0
2014	5284950.1	2290466.0	230577.0	5299.0	832387.0	1052327.0	169876.0
2015	5207583.4	2189384.0	210859.0	2115.0	839605.0	891201.0	245604.0
2016	8083750.2	3000949.0	210245.0		863359.0	1750201.0	177144.0

10-1 续表

单位:万元

年 份	工 业 污染源 治理投资	治理废水	治理废气	治 理 固体废物	治理噪声	治理其他	当年完成 环保验收 项 目 环保投资	环境污染 治理投资 占GDP比重 (%)
2000	223065.0	120725.0	74150.0	2610.0	910.0	24670.0	87100.0	1.37
2001	111283.0	59137.0	34274.0	3288.0	492.0	14092.0	140400.0	1.52
2002	104858.0	59492.0	35359.0	2885.0	834.0	6288.0	205572.0	1.51
2003	152658.0	74324.0	33059.0	3791.0	2037.0	39447.0	246455.0	1.63
2004	112509.0	56891.0	43678.0	1110.0	493.0	10337.0	363704.0	1.34
2005	199414.0	72399.0	66932.0	1784.0	1145.0	57154.0	561130.0	1.22
2006	248673.0	81717.0	124904.0	1694.0	274.0	40084.0	574198.0	1.01
2007	213773.0	123772.0	67700.0	1942.0	315.0	20044.0	904368.0	1.06
2008	148006.5	88152.5	38357.8	3188.0	285.7	18022.5	3994888.7	2.53
2009	193574.0	57672.0	108609.0	16756.0	58.0	10479.0	796052.0	0.96
2010	119568.2	71261.7	39981.9	2746.0	211.5	5367.1	2265102.5	1.28
2011	191998.0	94348.8	70310.2	2272.5	1486.0	23580.5	876021.0	0.74
2012	283022.8	101840.0	138422.0	4538.2	1405.0	36817.6	1348972.3	0.94
2013	576644.6	150634.2	312508.2	5064.5	1034.6	107403.1	1762447.6	1.04
2014	675944.4	175140.6	414012.9	6156.2	390.1	80244.6	2318539.7	1.32
2015	608437.2	128725.7	373553.1	18595.5	708.0	86854.9	2409762.2	1.21
2016	601868.9	101043.6	369172.1	20353.8	15.7	111283.6	4480932.4	1.71

10-2 各地区环境污染治理投资情况(2016年)

单位:万元

地　区	环境污染治理投资总额	城镇环境基础设施建设投资	工业污染源治理投资	完成环保验收项目环保投资	环境污染治理投资占GDP比重(%)
浙江省	**8083750**	**3000949**	**601869**	**4480932**	**1.71**
杭州市	1806162	561861	37425	1206876	1.60
宁波市	1207723	678868	89335	439520	1.39
温州市	503607	344361	40915	118330	0.99
嘉兴市	721342	245635	85911	389796	1.87
湖州市	647250	134357	33935	478957	2.83
绍兴市	710690	360841	64271	285577	1.48
金华市	393643	249647	59905	84091	1.07
衢州市	603595	50846	112644	440105	2.25
舟山市	112874	50102	2246	60526	0.91
台州市	432853	182457	68757	181640	1.11
丽水市	259973	141974	6525	111474	2.15

资料来源:省环境保护厅、省住房和城乡建设厅

注:城镇环境基础设施建设投资统计范围包括设市城市和县城。

10-3 各地区城镇环境基础设施建设投资情况(2016年)

单位:万元

地　区	投资总额	燃　气	集中供热	排　水	#污水处理	园林绿化	市　容环境卫生	#垃圾处理
浙江省	**3000949**	**210245**		**863359**	**470132**	**1750201**	**177144**	**97376**
杭州市	561861	56263		121963	54116	376797	6838	200
宁波市	678868	15460		179646	168280	449880	33882	9441
温州市	344361	21499		148529	63350	124874	49459	42954
嘉兴市	245635	15120		63689	49597	155290	11536	1105
湖州市	134357	9793		15750	3800	106652	2162	1667
绍兴市	360841	33787		73801	12628	248798	4455	1801
金华市	249647	34164		94599	40581	113990	6894	690
衢州市	50846	3769		11747	6393	30741	4589	1322
舟山市	50102	3372		16398	13519	28298	2034	100
台州市	182457	9963		59070	25032	73416	40008	37596
丽水市	141974	7055		78167	32836	41465	15287	500

资料来源:省住房和城乡建设厅。

10-4 各地区工业污染治理投资完成情况(2016年)

单位:万元

地　区	污染治理项目本年完成投资	治理废水	治理废气	治　理固体废物	治理噪声	治理其他	本年竣工项目个数(个)
浙江省	**601868.9**	**101043.6**	**369172.1**	**20353.8**	**15.7**	**111283.6**	**708**
杭州市	37425.3	2276.1	32800.2	1726.0	5.0	618.0	80
宁波市	89334.5	16823.6	66680.0	5675.0		155.9	66
温州市	40915.3	304.5	39979.3			631.5	16
嘉兴市	85910.9	31567.5	51265.1	2080.0		998.3	91
湖州市	33935.4	5039.3	25511.0	2200.0	10.0	1175.0	53
绍兴市	64271.4	19146.1	40320.4	113.1		4691.8	161
金华市	59904.5	3434.2	47962.0	8118.0		390.4	43
衢州市	112643.8	2693.7	9814.5	114.9		100020.8	53
舟山市	2245.9	1450.6	228.3			567.0	15
台州市	68756.6	16755.7	49638.4	326.9	0.7	2035.0	106
丽水市	6525.2	1552.2	4973.0				24

资料来源:省环境保护厅(下表同)。

10-5　各地区环保验收项目情况(2016年)

	当年完成环保验收项目数(项)	当年完成环保验收项目总投资(万元)	当年完成环保验收项目环保投资(万元)
浙江省	**263**	**134513978.0**	**4480932.4**
杭州市	14	39447408.8	1206875.8
宁波市	7	17061140.5	439520.5
温州市	9	6589080.3	118330.4
嘉兴市	43	9375864.0	389795.9
湖州市	4	15814669.2	478957.4
绍兴市	65	13245156.5	285577.4
金华市	36	1717528.2	84091.4
衢州市	19	1706644.7	440104.9
舟山市	2	3993750.6	60525.9
台州市	20	16889539.5	181639.6
丽水市	44	1694485.8	111474.2

10-6 各地区林业投资资金来源情况(2016年)

单位:万元

地　区	本年实际	林业投资					
		中央财政资金	地方财政资金	国内贷款	利用外资	自筹资金	其它社会资金
浙江省	**824296**	**36636**	**576526**	**3288**		**187536**	**20310**
省级单位	22244	10403	18371			297	2070
杭州市	85007	1360	64555			10049	
宁波市	201117	2697	119060	3000		74504	3193
温州市	58722	77	56025				
嘉兴市	83368	1054	17666			57178	8447
湖州市	14842	709	13738			50	
绍兴市	39775	1557	27877			11161	28
金华市	60542	4198	44287			14698	
衢州市	54551	310	32075			18278	
舟山市	12600	1636	12166				124
台州市	74505	11129	66288	283			6298
丽水市	117023	1506	104418	5		1321	150

资料来源:省林业厅(下表同)。

10-7 各地区林业投资完成情况(2016年)

单位:万元

地 区	本 年 完成投资		林业投资				
		#中央财政 投资	生态建设 与保护	林业支撑 与保障	林业产业 发 展	财政 事业费	其 他
浙江省	**824296**	**36636**	**479300**	**109891**	**118458**	**116647**	
省级单位	22244	10403	1657	13111	313	7163	
杭州市	85007	1360	40723	18149	12960	13175	
宁波市	201117	2697	130346	21872	37618	11281	
温州市	58722	77	28457	7874	5779	16612	
嘉兴市	83368	1054	74097	7015	2067	189	
湖州市	14842	709	5427	2105	1851	5459	
绍兴市	39775	1557	17211	6115	15315	1134	
金华市	60542	4198	32476	6643	13116	8307	
衢州市	54551	310	27890	4250	15203	7208	
舟山市	12600	1636	9492	586	316	2206	
台州市	74505	11129	58222	5897	1439	8947	
丽水市	117023	1506	53302	16274	12481	34966	

10-8 各地区农村可再生资源经费投入情况(2016年)

单位:万元

地 区	合计 拨款	中央投入 拨 款	省级投入 拨 款	地级投入 拨 款	县级投入 拨 款	乡级投入 拨 款	用户自筹		其他 投入 拨款
							用户自筹 资 金	投劳 折资	
浙江省	**12658.46**	**387.00**	**2866.50**	**3305.52**	**5961.44**	**138.00**	**8221.63**	**287.00**	**14.00**
杭州市	1044.57		60.00	359.00	557.57	68.00	787.00	35.00	14.00
宁波市	240.00			50.00	190.00		420.00		
温州市	4357.37		1430.00	1241.52	1615.85	70.00	299.00		
嘉兴市	464.00		220.00	160.00	84.00		1015.00		
湖州市	879.17		160.00		719.17		1.00		
绍兴市	1352.20		130.00	1207.20	15.00				
金华市	1906.65		398.50	112.60	1395.55		1663.50	252.00	
衢州市	663.00	240.00	208.00	157.00	58.00		3731.13		
舟山市	232.00	147.00	85.00				273.00		
台州市	698.50			13.20	685.30		32.00		
丽水市	821.00		175.00	5.00	641.00				

资料来源:省农业厅。

十一、城市环境

11-1 全省历年城市环境情况(2000-2016年)

年 份	城市个数（个）	城区面积（平方公里）	建设用地面 积（平方公里）	人均日生活用水量（升）	城市用水普及率（%）	城市污水排放量（亿立方米）	城市污水处理率（%）
2000	33	964.03	870.14	213.00	99.93	8.09	33.17
2001	33	1113.77	1016.39	219.16	93.52	15.85	35.71
2002	33	1240.21	1148.93	239.85	96.64	17.26	40.33
2003	33	1397.02	1474.41	236.32	98.24	17.52	45.90
2004	33	1508.53	1572.94	228.06	98.86	17.68	53.44
2005	33	1679.72	1729.89	243.93	99.10	19.27	59.46
2006	33	9430.48	1744.16	230.68	99.42	17.72	61.53
2007	33	10004.96	1893.95	189.28	99.58	19.28	70.08
2008	33	10011.06	2025.10	194.22	99.70	20.71	75.10
2009	33	10113.78	2110.56	201.55	99.81	20.75	78.88
2010	33	10256.38	2245.93	185.43	99.79	20.64	82.74
2011	33	10484.32	2263.41	196.30	99.84	21.44	85.09
2012	33	10515.23	2246.68	195.81	99.88	22.14	87.50
2013	32	10991.68	2413.16	192.32	99.97	23.58	89.28
2014	32	11094.63	2532.02	197.01	99.93	25.01	90.68
2015	31	11326.51	2469.74	196.18	99.95	26.94	91.95
2016	30	11311.75	2573.37	187.17	99.97	27.71	93.89

注:2006年起省住房和城乡建设厅《城市建设统计制度》修订,统计范围、口径及部分指标计算方法都有所调整,故不能与2005年直接比较。

11-1 续表

年　份	城市燃气普及率（%）	城市生活垃圾清运量（万吨）	城市生活垃圾无害化处理率（%）	供热面积（万平方米）	建成区绿化覆盖率（%）	人均公园绿地面积（平方米）
2000	98.01	436.42	83.38	367.80	27.15	7.68
2001	91.11	515.90	90.20	10214.70	27.38	5.12
2002	94.43	576.00	86.11	3376.60	29.91	6.51
2003	96.85	674.70	84.85	4006.40	31.05	7.49
2004	98.22	705.20	85.86	3332.20	31.88	8.42
2005	98.47	763.00	82.40	278.00	33.78	9.31
2006	98.25	687.70	88.28	280.70	35.53	9.79
2007	97.78	772.04	87.35	4086.00	36.15	8.79
2008	97.72	806.78	89.57	3731.00	37.74	9.60
2009	97.93	925.62	97.60	3680.00	38.20	10.76
2010	99.07	959.01	98.29	3991.90	38.30	11.05
2011	99.34	1018.08	96.43	4439.00	38.39	11.77
2012	99.49	1055.03	98.97	8575.00	39.86	12.47
2013	99.80	1123.36	99.44	7710.00	40.26	12.44
2014	99.81	1229.05	100.00	8000.70	40.75	12.90
2015	99.91	1332.63	99.22	4429.00	40.58	13.19
2016	99.95	1433.55	99.98		41.02	13.17

11-2 主要城市空气质量指标(2016年)

城 市	二氧化硫年平均浓度(微克/立方米)	二氧化氮年平均浓度(微克/立方米)	可吸入颗粒物(PM_{10})年平均浓度(微克/立方米)	一氧化碳日均值第95百分位浓度(毫克/立方米)	臭氧(O_3)最大8小时第90百分位浓度(微克/立方米)	细颗粒物($PM_{2.5}$)年平均浓度(微克/立方米)	空气质量达到和好于二级的天数比例(%)
杭州市	12	45	80	1.3	171	49	70.7
建德市	9	27	57	1.5	140	36	92.3
临安市	8	31	81	1.2	114	45	85.2
宁波市	13	39	62	1.2	149	39	84.7
余姚市	14	36	62	1.3	172	44	76.5
慈溪市	17	31	63	1.3	182	43	71.6
温州市	13	41	69	1.3	141	38	91.2
瑞安市	16	39	61	1.2	138	34	94.8
乐清市	8	26	58	1.0	132	34	94.3
嘉兴市	14	37	69	1.4	175	44	74.3
海宁市	15	34	78	1.6	142	47	80.9
平湖市	13	32	65	1.2	164	37	80.6
桐乡市	14	34	79	1.2	155	42	81.3
湖州市	17	36	69	1.3	195	47	65.6
绍兴市	15	38	70	1.4	146	47	79.0
诸暨市	7	28	65	1.4	166	44	76.5
嵊州市	11	30	73	1.1	131	46	84.4
金华市	15	36	63	1.3	148	46	80.6
兰溪市	11	22	64	1.2	138	45	81.7
义乌市	18	40	68	1.7	154	43	80.3
东阳市	12	30	62	1.4	99	40	90.2
永康市	17	43	74	1.7	120	44	86.1
衢州市	15	33	64	1.3	137	43	87.9
江山市	20	25	74	1.6	136	44	88.3
舟山市	8	19	42	1.0	139	25	94.2
台州市	9	22	60	1.2	146	36	90.4
温岭市	7	20	54	1.0	94	31	97.3
临海市	8	23	54	1.1	143	35	91.9
丽水市	9	24	49	1.0	132	33	95.4
龙泉市	8	12	36	1.0	113	24	99.7

资料来源:省环境保护厅。

11-3 各地区全年及各月霾日数(2016年)

城市名称	全年	1月	2月	3月	4月	5月	6月	7月	8月	9月	10月	11月	12月
杭　州	92	9	11	16	6	7	4	3	0	6	3	9	18
宁　波	67	15	6	9	3	4	2	2	2	2	2	5	15
温　州	54	8	5	14	4	5	0	1	0	1	0	4	12
嘉　兴	49	9	9	10	3	2	0	0	0	6	0	3	7
湖　州	36	5	6	10	4	2	0	0	0	1	0	1	7
绍　兴	86	11	11	15	7	3	3	1	1	9	2	8	15
金　华	45	7	6	7	3	1	2	0	0	1	0	3	15
衢　州	52	4	7	9	1	3	1	0	1	6	1	6	13
舟　山	31	10	5	4	4	1	0	1	0	1	0	0	5
椒　江	36	9	8	7	2	2	0	0	0	0	0	2	6
丽　水	33	7	6	7	2	0	0	0	0	0	0	3	8

资料来源:省气象局。

11-4 设市城市面积和建设用地情况（2016年）

单位：平方公里

地　区	城区面积	#建成区面积	城市现状建设用地面积			
			小　计	居住用地	公共管理与公共服务用地	商业服务业设施用地
浙江省	**11311.75**	**2673.33**	**2573.37**	**750.66**	**223.85**	**218.66**
杭州市	1484.96	541.38	506.44	139.45	70.74	49.67
建德市	85.00	10.60	10.30	3.65	1.12	1.26
临安市	242.00	19.60	19.60	6.35	1.03	1.97
宁波市	1097.00	330.75	341.23	85.95	24.47	18.69
余姚市	355.00	50.54	48.01	14.56	3.21	3.53
慈溪市	270.48	45.60	43.17	20.23	2.80	2.57
温州市	828.03	241.40	180.27	45.77	14.26	36.58
瑞安市	111.40	22.60	19.22	9.11	1.92	1.87
乐清市	287.73	22.61	36.49	11.39	1.91	4.08
嘉兴市	228.72	118.90	118.90	33.82	6.45	18.73
海宁市	149.90	50.50	50.50	15.20	5.99	6.78
平湖市	152.12	38.60	32.51	7.91	2.27	5.01
桐乡市	189.50	48.50	46.58	13.28	2.64	2.63
湖州市	640.69	106.00	105.00	31.94	8.53	8.79
绍兴市	497.04	203.90	214.04	72.73	12.28	16.67
诸暨市	346.62	43.90	39.29	13.04	5.05	1.71
嵊州市	214.70	41.40	37.60	10.21	2.42	2.11
金华市	386.11	97.91	97.91	30.36	9.80	5.26
兰溪市	206.30	36.15	34.21	10.82	2.08	1.29
义乌市	419.44	103.00	102.89	32.71	6.98	8.05
东阳市	373.00	40.02	39.70	10.89	1.29	0.62
永康市	134.80	37.52	37.52	9.17	2.62	0.58
衢州市	200.10	71.30	71.95	15.80	4.82	2.92
江山市	141.25	17.50	17.11	4.93	1.43	1.80
舟山市	579.99	63.12	58.84	20.86	7.31	2.72
台州市	749.98	139.80	129.89	41.58	9.14	5.14
温岭市	121.90	35.21	35.21	13.80	1.39	2.62
临海市	360.00	44.82	41.64	9.52	2.90	1.54
丽水市	266.13	35.40	38.63	11.87	6.16	2.45
龙泉市	191.86	14.80	18.72	3.76	0.84	1.02

资料来源：省住房和城乡建设厅（以下各表同）。

11-4 续表

单位:平方公里

地 区	城市现状建设用地面积					本年征用土地面积	
	工业用地	物流仓储用 地	道路与交通设施用地	公用设施用 地	绿地与广场用 地		#耕 地
浙江省	**565.74**	**61.80**	**405.95**	**77.82**	**268.89**	**100.01**	**50.18**
杭州市	83.22	9.33	87.80	12.33	53.90	11.97	6.15
建德市	0.08	0.06	0.47	0.21	3.45	2.51	0.96
临安市	4.21	0.37	0.65	2.35	2.67	2.70	
宁波市	115.93	15.99	56.83	4.51	18.86	8.89	6.67
余姚市	11.50	0.44	11.20	0.74	2.83	0.65	0.41
慈溪市	9.18	0.12	4.71	0.43	3.13	2.25	1.20
温州市	5.62	7.48	35.38	10.29	24.89	12.46	3.16
瑞安市	0.12	0.51	3.66	0.17	1.86	3.18	1.85
乐清市	0.13	0.74	9.28	0.21	8.75	2.34	1.24
嘉兴市	20.50	2.06	21.70	2.44	13.20	1.80	1.44
海宁市	11.93	0.13	1.07	1.50	7.90	3.80	2.25
平湖市	6.71	0.43	5.12	1.02	4.04	1.90	1.41
桐乡市	11.17	2.07	8.71	1.42	4.66	1.72	0.80
湖州市	29.57	1.22	8.36	2.10	14.49	0.35	0.23
绍兴市	59.58	3.68	24.28	8.10	16.72	10.75	7.02
诸暨市	4.93	0.82	3.89	5.83	4.02	3.48	1.90
嵊州市	12.93	0.32	5.29	0.96	3.36	3.88	2.53
金华市	23.30	1.26	17.87	1.42	8.64	5.46	1.57
兰溪市	13.24	0.18	3.65	0.37	2.58	1.52	0.86
义乌市	15.08	7.09	21.85	0.89	10.24	3.79	1.82
东阳市	12.78	0.58	5.43	1.12	6.99	0.46	0.35
永康市	15.08	0.74	6.32	1.55	1.46	1.12	0.21
衢州市	24.96	2.03	12.63	1.94	6.85	0.98	0.28
江山市	2.51	0.72	2.82	0.65	2.25	0.88	0.56
舟山市	7.63	0.56	10.06	1.66	8.04	2.79	0.99
台州市	33.49	0.79	18.14	2.34	19.27	5.74	3.18
温岭市	7.55	0.36	5.23	1.42	2.84	0.43	0.20
临海市	14.82	1.10	6.00	1.57	4.19	0.47	
丽水市	4.36	0.35	3.97	5.15	4.32	0.61	0.07
龙泉市	3.63	0.27	3.58	3.13	2.49	1.13	0.87

11-5 设市城市市政设施情况(2016年)

地　区	道路长度（公里）	道路面积（万平方米）	城市桥梁（座）	#立交桥数
浙江省	**21215**	**41286**	**10633**	**182**
杭州市	3075	6932	1353	72
建德市	117	149	28	3
临安市	129	275	29	
宁波市	2069	3954	1157	20
余姚市	676	1081	286	8
慈溪市	853	1834	676	
温州市	1617	3203	1300	5
瑞安市	258	409	212	
乐清市	806	852	420	
嘉兴市	892	1601	536	8
海宁市	302	677	221	
平湖市	384	629	352	
桐乡市	330	525	194	
湖州市	756	2462	487	
绍兴市	1357	2689	978	7
诸暨市	207	410	23	4
嵊州市	291	529	43	
金华市	736	1806	103	7
兰溪市	177	375	13	6
义乌市	632	1696	126	22
东阳市	436	870	73	
永康市	346	630	73	4
衢州市	618	1210	85	4
江山市	153	360	54	1
舟山市	620	1205	321	
台州市	2281	2911	1006	1
温岭市	302	695	278	1
临海市	418	649	110	9
丽水市	186	461	76	
龙泉市	192	208	20	

11-5 续表

地 区	城市道路照明灯（盏）	排水管道长度（公里）	#污水管道	堤防长度（公里）
浙江省	**1526268**	**40550**	**20146**	**19179**
杭州市	270275	5944	2981	1576
建德市	21381	265	153	152
临安市	22772	698	533	257
宁波市	154358	5339	2294	1319
余姚市	51672	799	387	208
慈溪市	61315	1153	407	74
温州市	132847	3528	1466	972
瑞安市	15845	385	191	142
乐清市	6685	1400	1011	343
嘉兴市	61992	953	783	2474
海宁市	38969	706	403	607
平湖市	20078	501	395	538
桐乡市	31342	593	227	1831
湖州市	52745	2118	792	2240
绍兴市	91136	3005	1382	436
诸暨市	8250	438	224	310
嵊州市	29318	172	97	329
金华市	64317	1789	828	761
兰溪市	17776	421	192	175
义乌市	98319	1841	872	344
东阳市	24471	832	388	344
永康市	28660	704	315	225
衢州市	29441	1384	781	525
江山市	9067	344	181	63
舟山市	29393	985	575	800
台州市	86969	2345	1456	1179
温岭市	15085	459	217	66
临海市	15858	604	227	135
丽水市	25245	613	250	643
龙泉市	10687	231	137	112

备注:堤防长度为5级及以上堤防。

11-6 设市城市供水和用水情况(2016年)

单位:万立方米

地　区	供水总量	售水量按用途分				
		合　计	生产运营用　水	公共服务用　水	居民家庭用　水	其他用水
浙江省	**329034.07**	**288524.35**	**122200.29**	**36991.96**	**122010.00**	**7322.10**
杭州市	65087.28	55565.80	14161.06	14274.61	25078.47	2051.66
建德市	1488.00	1274.00	160.60	170.00	907.40	36.00
临安市	3399.61	3003.18	903.05	281.93	1103.13	715.07
宁波市	59589.22	51624.26	24767.57	5930.13	20889.65	36.91
余姚市	5110.28	4643.77	1849.75	311.25	2438.50	44.27
慈溪市	6682.14	5115.71	2340.27	115.09	2359.35	301.00
温州市	28517.54	24617.13	11359.67	83.00	13155.20	19.26
瑞安市	2560.85	2270.55	580.87	138.66	1549.16	1.86
乐清市	3961.31	3231.31	447.00	175.10	2592.21	17.00
嘉兴市	11340.23	9746.29	3325.74	2291.86	3306.55	822.14
海宁市	4802.36	4477.54	3310.57	185.51	965.56	15.90
平湖市	2945.74	2759.99	1049.18	360.39	1182.32	168.10
桐乡市	3417.72	3030.04	1310.13	121.39	1561.61	36.91
湖州市	9595.85	8220.90	2281.35	1396.63	4115.49	427.43
绍兴市	39493.41	37686.24	27244.24	3428.52	6843.24	170.24
诸暨市	5408.12	4747.43	1597.19	615.11	1925.13	610.00
嵊州市	3633.12	3181.82	1551.33	168.83	1436.66	25.00
金华市	8897.11	7560.07	1882.72	1492.86	4183.06	1.43
兰溪市	1879.00	1770.00	659.00	83.00	851.00	177.00
义乌市	12346.71	10998.87	5660.63	18.35	4766.82	553.07
东阳市	3559.70	3123.46	877.28	654.44	1348.09	243.65
永康市	3407.28	2950.68	1633.72	33.13	1255.05	28.78
衢州市	6629.00	5495.00	2069.00	1243.00	2180.00	3.00
江山市	1965.05	1806.88	818.71	303.49	602.71	81.97
舟山市	5240.00	4749.00	1364.00	787.00	2084.00	514.00
台州市	16189.00	14556.00	5963.00	935.00	7569.00	89.00
温岭市	3324.19	2964.81	506.98	530.69	1838.19	88.95
临海市	3554.50	2886.50	982.00	240.00	1622.00	42.50
丽水市	4115.00	3667.00	1332.00	490.00	1845.00	
龙泉市	894.75	800.12	211.68	132.99	455.45	

11-6 续表

地 区	用水人口（万人）	人均日生活用水量（升）	用水普及率（%）
浙江省	**2328.21**	**187.17**	**99.97**
杭州市	562.91	191.53	100.00
建德市	13.69	215.62	100.00
临安市	30.02	126.41	100.00
宁波市	284.57	258.23	100.00
余姚市	45.07	167.33	100.00
慈溪市	52.05	130.25	100.00
温州市	205.02	176.94	100.00
瑞安市	29.06	159.25	100.00
乐清市	51.29	147.87	100.00
嘉兴市	93.42	164.18	99.27
海宁市	21.68	145.63	100.00
平湖市	34.43	122.76	100.00
桐乡市	25.80	178.72	100.00
湖州市	91.50	165.29	100.00
绍兴市	150.26	187.51	100.00
诸暨市	35.79	194.49	100.00
嵊州市	31.42	139.99	100.00
金华市	79.02	196.88	100.00
兰溪市	21.54	118.80	100.00
义乌市	81.76	160.35	100.00
东阳市	41.45	132.36	100.00
永康市	24.24	147.30	100.00
衢州市	35.90	261.23	100.00
江山市	15.40	161.27	100.00
舟山市	62.88	125.22	100.00
台州市	103.45	225.22	100.00
温岭市	29.24	221.96	100.00
临海市	31.40	162.46	100.00
丽水市	35.20	181.74	100.00
龙泉市	8.75	185.38	100.00

11-7 设市城市节约用水情况(2016年)

地区	实际用水量(万立方米)					
	合计	#工业	新水取用量	#工业	重复利用量	#工业
浙江省	**507073**	**437419**	**114787**	**71931**	**392286**	**365488**
杭州市	92365	59529	28051	8796	64314	50733
宁波市	119826	109339	25712	20687	94114	88652
慈溪市	1247	205	1247	205		
温州市	2025	997	1465	554	560	443
嘉兴市	14879	13589	2725	1435	12154	12154
海宁市	4	4	4	4		
湖州市	4445	4285	670	510	3775	3775
绍兴市	195498	187734	29042	25988	166456	161746
诸暨市	8489	7631	764	401	7725	7230
金华市	10151	8805	2094	748	8057	8057
义乌市	9600	5906	8361	5016	1239	890
东阳市	3086	2170	1436	520	1650	1650
永康市	454	280	328	154	126	126
衢州市	22124	20528	4211	2824	17913	17704
舟山市	10663	8561	2689	1616	7974	6945
台州市	6337	4237	3277	1368	3060	2869
温岭市	840	250	521	145	319	105
丽水市	5040	3369	2190	960	2850	2409

11-7 续表

地　区	节约用水量（万立方米）	#工　业	重复利用率（%）	#工业用水重复利用率
浙江省	**30092**	**18452**	**77.36**	**83.56**
杭州市	10740	4560	69.63	85.22
宁波市	2961	2237	78.54	81.08
慈溪市	422			
温州市	269	190	27.65	44.43
嘉兴市	959	547	81.69	89.44
海宁市				
湖州市	466	410	84.93	88.10
绍兴市	6718	5392	85.14	86.16
诸暨市	430	350	91.00	94.75
金华市	893	318	79.37	91.50
义乌市	2000	1300	12.91	15.07
东阳市	648	520	53.47	76.04
永康市	80	80	27.75	45.00
衢州市	812	485	80.97	86.24
舟山市	396	362	74.78	81.12
台州市	1601	1451	48.29	67.71
温岭市	612	197	37.98	42.00
丽水市	85	53	56.55	71.50

11-8 设市城市污水排放和处理情况(2016年)

地　区	城市污水排放量(万立方米)	污　水处理厂(座)	#二、三级处　理	污水处理厂污水处理能力(万立方米/日)	#二、三级处　理	污水处理厂污水处理量(万立方米)
浙江省	**277096**	**88**	**88**	**885.1**	**885.1**	**251689**
杭州市	57916	9	9	180.7	180.7	55061
建德市	1339	1	1	4.9	4.9	1272
临安市	3020	2	2	8.0	8.0	2725
宁波市	50201	12	12	130.8	130.8	41809
余姚市	4469	1	1	15.0	15.0	3933
慈溪市	5194	3	3	24.0	24.0	4769
温州市	22812	11	11	60.7	60.7	21102
瑞安市	2079	1	1	14.0	14.0	1869
乐清市	3248	2	2	12.6	12.6	2773
嘉兴市	9062	1	1	60.0	60.0	8004
海宁市	4103	1	1	15.0	15.0	3795
平湖市	2512					2300
桐乡市	2765	2	2	15.0	15.0	2560
湖州市	8636	7	7	27.0	27.0	8135
绍兴市	30638	2	2	106.9	106.9	28955
诸暨市	4218	2	2	18.0	18.0	3915
嵊州市	3202	1	1	15.0	15.0	2962
金华市	8274	4	4	24.0	24.0	7834
兰溪市	1466	1	1	10.0	10.0	1339
义乌市	11112	4	4	32.0	32.0	10625
东阳市	3204	2	2	10.9	10.9	3055
永康市	3066	1	1	8.0	8.0	2685
衢州市	5568	4	4	13.7	13.7	4455
江山市	1631	1	1	4.0	4.0	1439
舟山市	4192	3	3	12.5	12.5	2934
台州市	13644	4	4	34.0	34.0	12744
温岭市	2703	1	1	7.0	7.0	2438
临海市	2773	2	2	9.6	9.6	2564
丽水市	3334	2	2	10.0	10.0	2993
龙泉市	715	1	1	1.8	1.8	645

11-8 续表

地 区	其他污水处理设施		污水处理总能力（万立方米/日）	污水处理总 量（万立方米）	污水再生利用量（万立方米）	城 市	
	处理能力（万立方米/日）	处理量（万立方米）				污 水处理率（%）	*污水处理厂集中处理率（%）
浙江省	**116.7**	**8487**	**1001.8**	**260176**	**10029**	**93.89**	**90.83**
杭州市			180.7	55061	600	95.07	95.07
建德市			4.9	1272		95.00	95.00
临安市			8.0	2725		90.23	90.23
宁波市	50.0	6086	180.8	47895	3617	95.41	83.28
余姚市			15.0	3933	64	88.01	88.01
慈溪市			24.0	4769	61	91.82	91.82
温州市			60.7	21102		92.50	92.50
瑞安市			14.0	1869		89.90	89.90
乐清市	0.6	174	13.2	2947		90.73	85.38
嘉兴市			60.0	8004		88.32	88.32
海宁市			15.0	3795		92.49	92.49
平湖市			0.0	2300		91.56	91.56
桐乡市			15.0	2560		92.59	92.59
湖州市	0.3	106	27.3	8241	1520	95.43	94.20
绍兴市			106.9	28955		94.51	94.51
诸暨市			18.0	3915		92.82	92.82
嵊州市			15.0	2962		92.50	92.50
金华市			24.0	7834		94.68	94.68
兰溪市			10.0	1339		91.34	91.34
义乌市			32.0	10625	3468	95.62	95.62
东阳市			10.9	3055		95.35	95.35
永康市			8.0	2685		87.57	87.57
衢州市	59.1	877	72.8	5332		95.76	80.01
江山市			4.0	1439		88.23	88.23
舟山市	5.2	1063	17.7	3997	699	95.35	69.99
台州市			34.0	12744		93.40	93.40
温岭市			7.0	2438		90.20	90.20
临海市			9.6	2564		92.46	92.46
丽水市	1.5	181	11.5	3174		95.20	89.77
龙泉市			1.8	645		90.21	90.21

11-9 设市城市市容环境卫生情况(2016年)

地　区	道路清扫保洁面积（万平方米）	生活垃圾清运量（万吨）	无害化处理厂（座）			
				卫生填埋	焚　烧	其　他
浙江省	**43224**	**1433.55**	**61**	**25**	**35**	**1**
杭州市	8565	342.47	6	1	5	
建德市	160	3.82	1	1		
临安市	391	16.30	1		1	
宁波市	4090	150.57	5	3	2	
余姚市	741	52.76	1		1	
慈溪市	1611	28.40	1		1	
温州市	3519	118.43	5		5	
瑞安市	639	12.72	2	1	1	
乐清市	395	15.66	3	2	1	
嘉兴市	1919	35.11	1		1	
海宁市	473	9.46	3	1	1	1
平湖市	490	11.30	1		1	
桐乡市	761	10.13	1		1	
湖州市	2463	54.40	1		1	
绍兴市	2593	98.69	5	2	3	
诸暨市	850	11.98	2	1	1	
嵊州市	897	21.79	1	1		
金华市	1773	53.42	2	1	1	
兰溪市	615	21.08	2	1	1	
义乌市	1664	87.06	2	1	1	
东阳市	1091	36.92	1	1		
永康市	630	36.49	2	1	1	
衢州市	1020	25.52	1	1		
江山市	360	10.60	1	1		
舟山市	737	32.87	1		1	
台州市	2438	77.72	3	2	1	
温岭市	525	18.10	3	1	2	
临海市	684	13.24	1		1	
丽水市	805	18.31	1	1		
龙泉市	325	8.23	1	1		

11-9　续表 1

地　区	无害化处理量（万吨）	卫生填埋	焚　烧	其　他	市容环卫专用车辆设备总数（辆）
浙江省	**1433.26**	**598.46**	**834.80**		**7232**
杭州市	342.47	213.54	128.93		1484
建德市	3.82	3.82			57
临安市	16.30		16.30		80
宁波市	150.57	66.71	83.86		838
余姚市	52.76		52.76		166
慈溪市	28.40		28.40		152
温州市	118.44		118.44		588
瑞安市	12.72	2.83	9.89		52
乐清市	15.66	0.27	15.39		274
嘉兴市	35.11		35.11		295
海宁市	9.18	2.68	6.50		48
平湖市	11.30		11.30		73
桐乡市	10.13		10.13		45
湖州市	54.39		54.39		201
绍兴市	98.69	49.71	48.98		475
诸暨市	11.98	3.37	8.61		171
嵊州市	21.79	21.79			55
金华市	53.42	24.16	29.26		162
兰溪市	21.08	3.42	17.66		85
义乌市	87.05	37.95	49.10		247
东阳市	36.92	36.92			229
永康市	36.49	8.27	28.22		146
衢州市	25.52	25.52			89
江山市	10.60	10.60			22
舟山市	32.87		32.87		125
台州市	77.72	59.76	17.96		577
温岭市	18.10	0.60	17.50		130
临海市	13.24		13.24		149
丽水市	18.31	18.31			150
龙泉市	8.23	8.23			67

11-9　续表 2

地　区	无害化处理能力（吨/日）	卫生填埋	焚　烧	其　他	生活垃圾无害化处理率（%）
浙江省	**48250**	**13558**	**34492**	**200**	**99.98**
杭州市	6007	1100	4907		100.00
建德市	300	300			100.00
临安市	450		450		100.00
宁波市	4716	2216	2500		100.00
余姚市	1500		1500		100.00
慈溪市	1500		1500		100.00
温州市	4135		4135		100.00
瑞安市	1300	300	1000		100.00
乐清市	1680	480	1200		100.00
嘉兴市	1900		1900		100.00
海宁市	798	98	500	200	97.00
平湖市	900		900		100.00
桐乡市	800		800		100.00
湖州市	1500		1500		100.00
绍兴市	3100	1000	2100		100.00
诸暨市	760	360	400		100.00
嵊州市	480	480			100.00
金华市	1650	600	1050		100.00
兰溪市	640	240	400		100.00
义乌市	3140	1040	2100		100.00
东阳市	800	800			100.00
永康市	1650	850	800		100.00
衢州市	500	500			100.00
江山市	290	290			100.00
舟山市	1050		1050		100.00
台州市	3000	1600	1400		100.00
温岭市	2200	500	1700		100.00
临海市	700		700		100.00
丽水市	630	630			100.00
龙泉市	174	174			100.00

11-9　续表 3

地　区	粪便(万吨)		公厕数(座)		每万人拥有公厕(座)
	清运量	处理量		#三类以上	
浙江省	**75.37**	**62.51**	**8145**	**7045**	**3.50**
杭州市	12.27	0.97	1483	1339	2.63
建德市	0.06		44	44	3.21
临安市	0.20	0.20	31	31	1.03
宁波市	16.40	16.40	599	500	2.10
余姚市	1.09	1.09	395	395	8.76
慈溪市	3.98	3.98	183	160	3.52
温州市	4.37	4.37	1213	1213	5.92
瑞安市	0.82	0.82	57	54	1.96
乐清市			465	312	9.07
嘉兴市	5.10	5.10	203	203	2.16
海宁市	0.63	0.63	93	60	4.29
平湖市	2.52	2.52	84	78	2.44
桐乡市	0.20		54	54	2.09
湖州市	3.73	3.73	289	206	3.16
绍兴市	5.76	5.76	302	216	2.01
诸暨市			52	52	1.45
嵊州市	1.12	1.12	108	108	3.44
金华市	0.10	0.10	158	158	2.00
兰溪市	1.27	1.24	64	64	2.97
义乌市	1.22	1.15	470	470	5.75
东阳市			170	170	4.10
永康市	1.29	1.29	97	97	4.00
衢州市	0.31	0.31	205	205	5.71
江山市	0.06	0.06	67	67	4.35
舟山市	2.65	2.65	233	94	3.71
台州市	7.79	7.79	570	348	5.51
温岭市	0.37	0.37	165	112	5.64
临海市	0.45	0.45	88	88	2.80
丽水市	0.41	0.41	135	127	3.84
龙泉市	1.20		68	20	7.77

11-10 设市城市燃气情况（2016年）

地　区	天然气			
	管道长度（公里）	供气总量（万立方米）	#家庭用量	用气人口（万人）
浙江省	**32541.02**	**386396.56**	**65414.75**	**1170.42**
杭州市	12111.07	90780.67	21878.30	447.70
建德市	225.00	1735.05	520.50	8.79
临安市	73.70	399.70	399.70	3.13
宁波市	5047.65	78599.78	10346.38	138.53
余姚市	727.22	3606.00	841.32	23.00
慈溪市	766.15	9706.35	560.85	12.93
温州市	358.98	2800.00	160.00	10.00
乐清市	146.26	603.16	70.67	3.45
嘉兴市	841.66	19658.47	4476.98	85.25
海宁市	408.60	7611.28	893.51	18.43
平湖市	165.66	2565.00	432.00	10.32
桐乡市	751.99	7272.25	570.03	11.23
湖州市	1329.29	22221.00	2080.00	60.50
绍兴市	3334.69	86662.62	11437.80	91.01
诸暨市	1010.67	3318.05	927.30	23.11
嵊州市	252.30	1015.60	250.00	5.34
金华市	515.13	8294.35	852.01	30.69
兰溪市	253.00	3386.80	3354.00	8.75
义乌市	252.75	2050.00	400.00	21.50
永康市	249.64	8264.60	321.80	10.12
衢州市	928.30	9755.76	682.25	25.14
江山市	111.75	297.00	31.00	1.00
舟山市	1039.70	3119.37	1610.75	52.27
台州市	1054.68	8374.02	951.10	45.99
温岭市	404.00	1344.50	1250.00	18.84
临海市	165.18	2075.18	86.50	3.20
丽水市				
龙泉市	16.00	880.00	30.00	0.20

11-10 续表

地 区	液化石油气				燃气普及率（%）
	管道长度（公里）	供气总量（吨）	#家庭用量	用气人口（万人）	
浙江省	**2704.56**	**759709.77**	**531048.65**	**1153.01**	**99.95**
杭州市		131430.90	58981.96	115.21	100.00
建德市		3329.00	3050.00	4.90	100.00
临安市	385.55	37080.00	37041.14	26.89	100.00
宁波市	279.56	126842.20	75920.00	146.04	100.00
余姚市		5643.00	3950.00	22.07	100.00
慈溪市		31065.00	30590.00	39.12	100.00
温州市	811.47	72911.31	53138.41	195.02	100.00
瑞安市	57.80	13500.00	9023.00	29.06	100.00
乐清市		11260.00	9562.00	47.84	100.00
嘉兴市		30657.60	12550.00	8.86	100.00
海宁市		4750.00	2900.00	3.25	100.00
平湖市		5027.92	4883.92	24.11	100.00
桐乡市		7800.00	4310.00	14.57	100.00
湖州市	29.55	4639.00	3483.00	31.00	100.00
绍兴市	13.12	31903.59	23835.03	59.25	100.00
诸暨市		16354.00	12550.00	12.68	100.00
嵊州市	110.00	9192.70	9191.60	26.08	100.00
金华市	360.54	22257.00	14105.00	48.33	100.00
兰溪市	8.30	7002.50	6450.00	12.79	100.00
义乌市		20063.00	18290.00	60.26	100.00
东阳市	132.84	17067.00	14977.00	41.45	100.00
永康市		13917.00	13095.00	14.12	100.00
衢州市		4711.00	4507.00	6.20	99.28
江山市	59.78	6542.00	6512.00	14.40	100.00
舟山市		27789.07	27789.07	9.70	98.55
台州市		60150.00	40729.00	57.46	100.00
温岭市		8022.00	5650.00	10.40	100.00
临海市	93.89	8954.23	7474.10	28.20	100.00
丽水市	362.16	13745.12	13454.42	35.20	100.00
龙泉市		6103.63	3056.00	8.55	100.00

11-11 设市城市园林绿化情况(2016年)

单位:公顷

地 区	绿化覆盖面 积	#建成区	园林绿地面 积	#建成区	公园绿地面 积
浙江省	**172242**	**109666**	**154314**	**98849**	**30675**
杭州市	37683	22035	34211	20118	8118
建德市	445	408	408	371	172
临安市	10526	785	9707	764	393
宁波市	13342	13165	12364	12073	3244
余姚市	15057	2138	14793	1910	525
慈溪市	2365	1853	1974	1635	687
温州市	9300	9028	8145	7878	2610
瑞安市	951	932	841	825	369
乐清市	1503	873	1420	762	541
嘉兴市	6171	5283	5740	4885	1258
海宁市	3038	2329	3041	2163	351
平湖市	2834	1394	2591	1200	495
桐乡市	1819	1770	1649	1513	378
湖州市	5526	5125	4764	4691	1520
绍兴市	11110	8822	7757	7614	2029
诸暨市	3120	1792	2327	1501	441
嵊州市	1730	1538	1525	1357	335
金华市	3975	3918	3781	3727	928
兰溪市	1708	1380	1507	1271	272
义乌市	4433	4210	3888	3693	1063
东阳市	1646	1634	1434	1432	456
永康市	1562	1540	1396	1356	260
衢州市	2963	2925	2610	2559	521
江山市	768	721	694	684	189
舟山市	15735	2564	13771	2279	823
台州市	6342	6003	5948	5588	1332
温岭市	1868	1478	1644	1297	392
临海市	1849	1837	1816	1806	467
丽水市	1732	1646	1505	1419	390
龙泉市	1142	539	1061	478	116

11-11 续表

地 区	人均公园绿地面积（平方米）	建成区绿化覆盖率（%）	建成区绿地率（%）	公园个数（个）	公园面积（公顷）
浙江省	**13.17**	**41.02**	**36.98**	**1197**	**18213**
杭州市	14.42	40.70	37.16	222	2754
建德市	12.57	38.49	35.00	17	142
临安市	13.09	40.05	38.98	14	259
宁波市	11.40	39.80	36.50	166	1861
余姚市	11.66	42.30	37.79	29	430
慈溪市	13.20	40.64	35.85	39	166
温州市	12.73	37.40	32.64	69	1858
瑞安市	12.71	41.22	36.50	8	245
乐清市	10.55	38.61	33.70	26	132
嘉兴市	13.36	44.43	41.09	66	958
海宁市	16.18	46.12	42.84	15	164
平湖市	14.37	36.12	31.10	30	186
桐乡市	14.64	36.50	31.20	5	66
湖州市	16.61	48.35	44.25	43	814
绍兴市	13.51	43.27	37.34	78	2686
诸暨市	12.33	40.83	34.20	17	311
嵊州市	10.66	37.15	32.78	7	304
金华市	11.74	40.02	38.07	34	413
兰溪市	12.64	38.17	35.15	16	155
义乌市	13.00	40.88	35.86	34	533
东阳市	10.99	40.82	35.78	21	355
永康市	10.71	41.05	36.14	9	58
衢州市	14.52	41.03	35.89	58	496
江山市	12.27	41.20	39.08	4	35
舟山市	13.09	40.62	36.11	33	612
台州市	12.88	42.94	39.97	70	1087
温岭市	13.41	41.97	36.83	25	298
临海市	14.86	40.98	40.30	17	396
丽水市	11.09	46.49	40.08	15	338
龙泉市	13.27	36.40	32.32	10	105

11-12 设市城市公共交通情况(2016年)

地区	年末公共交通运营数(辆)	公共汽车、电车	轨道交通	标准运营车数(标台)	运营线路总长度(公里)	出租汽车数(辆)
浙江省	**32551**	**31651**	**900**	**37896**	**70040**	**37781**
杭州市	9304	8770	534	12118	13948	12209
建德市	70	70		69	152	100
临安市	484	484		479	2585	299
宁波市	5476	5110	366	7197	9541	4627
余姚市	688	688		684	1413	460
慈溪市	768	768		826	2035	605
温州市	2426	2426		2694	3452	3985
瑞安市	361	361		373	635	966
乐清市	163	163		157	216	964
嘉兴市	1191	1191		1264	1915	1073
海宁市	431	431		425	1913	300
平湖市	268	268		240	973	226
桐乡市	435	435		413	1402	245
湖州市	897	897		846	3286	875
绍兴市	2103	2103		2445	5651	1746
诸暨市	721	721		707	1736	533
嵊州市	119	119		119	11	251
金华市	901	901		857	2381	976
兰溪市	64	64		61	260	216
义乌市	1182	1182		1406	2145	1465
东阳市	314	314		308	1960	456
永康市	471	471		492	1777	308
衢州市	362	362		381	469	521
江山市	99	99		99	135	100
舟山市	736	736		784	2400	827
台州市	984	984		1011	1828	1641
温岭市	201	201		192	288	678
临海市	448	448		419	2895	433
丽水市	432	432		430	850	409
龙泉市	36	36		22	202	87

资料来源:省交通运输厅。

注:全省数据均按老口径包括奉化区。

11-12　续表

地　区	客运总量（万人次）	公共汽车、电　车	轨道交通	每万人拥有公交车辆（标台）	轮　渡	
					运营船数（艘）	客运总量（万人次）
浙江省	**383041**	**346196**	**36845**	**16.27**	**5**	**269**
杭州市	168318	141441	26877	21.53		
建德市	1980	1980		5.04		
临安市	3241	3241		15.96		
宁波市	51931	41963	9968	25.29	2	189
余姚市	5406	5406		15.18		
慈溪市	5556	5556		15.87		
温州市	30747	30747		13.14	3	80
瑞安市	4509	4509		12.84		
乐清市	1145	1145		3.06		
嘉兴市	8654	8654		13.43		
海宁市	3382	3382		19.60		
平湖市	1913	1913		6.97		
桐乡市	2573	2573		16.01		
湖州市	4140	4140		9.25		
绍兴市	19916	19916		16.27		
诸暨市	6279	6279		19.75		
嵊州市	1271	1271		3.79		
金华市	6863	6863		10.85		
兰溪市	1140	1140		2.83		
义乌市	16346	16346		17.20		
东阳市	2395	2395		7.43		
永康市	3997	3997		20.30		
衢州市	4619	4619		10.61		
江山市	984	984		6.43		
舟山市	7141	7141		12.47		
台州市	6581	6581		9.77		
温岭市	1802	1802		6.57		
临海市	3089	3089		13.34		
丽水市	3910	3910		12.22		
龙泉市	243	243		2.51		

11-13 城市道路交通噪声监测情况(2016年)

城　市	路段总长度（米）	超标路段（米）	路段超标率（%）	路段平均路宽（米）	平均车流量（辆/小时）	等效声级 dB(A)
杭州市	700450	224110	32.0	24	1805	68.7
宁波市	118403	39904	33.7		763	69.2
温州市	245090	53900	22.0	42	1658	67.5
嘉兴市	203653	21639	10.6	31	1063	66.5
湖州市	207586	22022	10.6	28	1827	67.2
绍兴市	212500	57460	27.0	41	1785	68.4
金华市	163910	12140	7.4	33	1480	66.9
衢州市	26067	1100	4.2	16	973	65.7
舟山市	92572	14845	16.0	43	1104	66.8
台州市	174660	64810	37.1	33	2093	69.3
丽水市	94208	37695	40.0	38	1648	69.8

资料来源:省环境保护厅(以下各表同)。

11-14 城市区域环境噪声监测情况(2016年)

城　市	网格边长（米）	网格总数（个）	等效声级 dB(A)
杭州市	1000 × 1000	231	56.4
宁波市	1200 × 1200	203	56.5
温州市	900 × 900	252	54.9
嘉兴市	700 × 700	236	53.6
湖州市	600 × 600	217	53.7
绍兴市	600 × 600	234	54.7
金华市	750 × 750	128	54.4
衢州市	500 × 500	130	51.8
舟山市	500 × 500	189	51.1
台州市	900 × 900	124	54.9
丽水市	500 × 500	117	54.3

十二、农村环境

12-1 全省历年农村环境情况(2000-2016年)

年　份	农村改水累计受益人口(万人)	农村改水累计受益率(%)	累计使用卫生厕所户数(万户)	卫生厕所普及率(%)	农村沼气池产气量(万立方米)	太阳能热水器(万平方米)
2000	3095.94	83.20	719.54	63.73	2733.82	31.78
2001	3059.29	83.32	777.95	67.28	2237.06	65.52
2002	3523.45	95.96	812.41	71.26	2008.53	89.57
2003	3537.58	96.46	845.60	73.58	2363.49	122.22
2004	3194.45	87.10	872.32	75.90	3460.76	154.35
2005	3231.46	88.12	920.48	80.09	4295.87	186.64
2006	3486.46	96.21	918.85	79.37	6556.78	280.69
2007	3510.04	96.86	930.61	80.60	9861.36	317.65
2008	3516.59	97.04	977.03	83.75	12290.83	360.88
2009	3440.46	96.77	1005.60	86.48	13377.44	408.60
2010	3503.27	97.15	1034.73	88.93	17006.93	457.07
2011	3471.03	96.52	1089.36	90.11	17734.01	507.03
2012	3506.15	97.56	1105.89	91.45	19717.34	554.87
2013	3548.10	98.73	1122.79	93.17	18508.60	595.02
2014	3566.23	99.21	1140.49	94.78	15581.19	623.60
2015	3583.48	99.55	1158.74	96.54	13176.79	650.63
2016			1164.47	98.34	11869.92	671.76

12-2 各地区农村改厕情况(2016年)

单位:万户

地 区	农 村 总户数	累计使用 卫生厕所 户 数	累计使用 卫生公厕 户 数	卫生厕所 普及率 (%)	无害化卫生 厕所普及率 (%)
浙江省	**1184.08**	**1164.47**	**166.71**	**98.34**	**96.32**
杭州市	119.83	119.99		100.13	99.00
宁波市	153.99	149.74	47.09	97.24	96.93
温州市	188.89	189.48	23.92	100.31	98.34
嘉兴市	71.77	71.56	0.91	99.71	98.54
湖州市	67.64	66.23	6.82	97.91	96.28
绍兴市	124.90	122.36	27.07	97.97	93.36
金华市	145.14	142.57	3.32	98.23	95.63
衢州市	64.72	63.14	5.29	97.56	93.47
舟山市	22.99	22.23	3.29	96.73	93.75
台州市	156.32	151.19	28.53	96.72	96.13
丽水市	67.90	65.98	20.48	97.18	93.16

12-2 续表

单位:万元

地 区	农村改厕投资	#国家投资	国家投资占总投资比重(%)
浙江省	**141871.94**	**72107.42**	**50.83**
杭州市	3573.41	3363.96	94.14
宁波市	9203.83	786.15	8.54
温州市	13165.68	8551.71	64.95
嘉兴市	28929.30	6660.26	23.02
湖州市	6969.54	6634.20	95.19
绍兴市	25141.82	14645.68	58.25
金华市	25924.61	16419.21	63.33
衢州市	10637.90	8191.20	77.00
舟山市	1873.22	495.00	26.43
台州市	9534.36	2887.54	30.29
丽水市	6918.27	3472.50	50.19

12-3 各地区农村可再生能源利用情况(2016年)

地　区	沼气池产气总量（万立方米）	#农村用户沼气池	#大中型沼气工程	太阳能热水器（万立方米）	生活污水净化沼气池（个）
浙江省	**11869.92**	**3647.54**	**8222.39**	**671.76**	**67239**
杭州市	1129.08	205.22	923.85	99.52	6919
宁波市	919.49		919.49	38.12	1025
温州市	786.10	416.96	369.14	67.59	6854
嘉兴市	394.60	132.79	261.81	124.94	42860
湖州市	107.32		107.32	49.08	2680
绍兴市	795.99		795.99	31.51	654
金华市	1617.87	2.19	1615.68	105.75	2701
衢州市	3291.88	1351.87	1940.01	47.85	1939
舟山市	26.65	0.92	25.73	9.25	148
台州市	1035.54	238.50	797.04	62.15	941
丽水市	1765.40	1299.08	466.32	36.00	518

资料来源:省农业厅。

12-4 各地区农业有效灌溉和农用化肥施用情况(2016年)

地　区	有效灌溉面积（千公顷）	化肥施用量（吨）	氮肥	磷肥	钾肥	复合肥
全　省	**1446.31**	**844772**	**441875**	**97085**	**65843**	**239969**
杭州市	156.56	94408	41904	11083	7392	34029
宁波市	178.14	106184	44532	12959	8103	40590
温州市	115.17	80377	46379	12762	8185	13051
嘉兴市	183.87	100457	74984	11423	5276	8774
湖州市	137.23	42928	26422	4099	2335	10072
绍兴市	165.35	107471	66170	7655	5130	28516
金华市	168.03	100372	39435	11928	10668	38341
衢州市	104.17	63248	32794	7436	7492	15526
舟山市	15.22	4380	2380	352	63	1585
台州市	124.74	87777	43334	8618	5217	30608
丽水市	97.83	57170	23541	8770	5982	18877

资料来源:省统计局(下表同)。

12-5 各地区农用塑料薄膜和农药使用量情况(2016年)

地　区	塑料薄膜使用量(吨)	#地膜使用量(吨)	地膜覆盖面积(公顷)	农药使用量(吨)
全　省	**67300**	**29082**	**157962**	**49482**
杭州市	10671	3759	14458	6776
宁波市	12033	4656	18734	6208
温州市	3985	2200	11940	3876
嘉兴市	6039	2118	29439	6124
湖州市	5333	2386	3980	4225
绍兴市	5175	2790	23325	5850
金华市	6940	3014	11192	5219
衢州市	2467	1837	6948	4859
舟山市	382	137	1841	448
台州市	9584	3875	30088	3106
丽水市	4691	2310	6017	2791

12-6 各地区农村非商品能源生活消费情况(沼气)(2016年)

地　区	实物(万立方米)					
	2011	2012	2013	2014	2015	2016
浙江省	**17734.01**	**19717.30**	**18508.60**	**15581.19**	**13176.80**	**11710.75**
杭州市	1588.38	1563.90	1834.70	1490.78	1348.40	1129.08
宁波市	1086.01	2370.50	1577.40	1172.86	1051.90	453.80
温州市	1079.45	1102.70	1162.10	1053.63	802.16	802.20
嘉兴市	2022.14	2192.80	2183.20	846.22	449.83	394.60
湖州市	192.52	234.90	268.00	349.48	272.78	216.32
绍兴市	1511.88	1368.00	1051.50	858.67	468.10	795.99
金华市	2841.89	3094.90	2307.00	1662.35	1692.55	1799.29
衢州市	4287.38	4402.30	4464.80	4549.84	4201.60	3291.88
舟山市	106.26	131.80	117.90	104.96	84.13	26.65
台州市	1261.66	1441.30	1633.50	1742.00	1039.15	1035.54
丽水市	1756.45	1814.20	1908.60	1750.40	1766.20	1765.40

资料来源:省农业厅(以下各表同)

12-6　续表

地　区	标准煤(万吨)					
	2011	2012	2013	2014	2015	2016
浙江省	**12.66**	**14.10**	**13.20**	**11.13**	**9.41**	**8.34**
杭州市	1.13	1.10	1.30	1.06	0.96	0.81
宁波市	0.78	1.70	1.10	0.84	0.75	0.31
温州市	0.77	0.80	0.80	0.75	0.57	0.57
嘉兴市	1.44	1.60	1.60	0.60	0.32	0.28
湖州市	0.14	0.20	0.20	0.25	0.19	0.15
绍兴市	1.08	1.00	0.80	0.61	0.33	0.57
金华市	2.03	2.20	1.60	1.19	1.21	1.28
衢州市	3.06	3.10	3.20	3.25	3.00	2.35
舟山市	0.08	0.10	0.10	0.07	0.06	0.02
台州市	0.90	1.00	1.20	1.24	0.74	0.74
丽水市	1.25	1.30	1.40	1.25	1.26	1.26

12-7 各地区农村非商品能源生活消费情况(秸秆)(2016年)

地　区	实物量(万吨)					
	2011	2012	2013	2014	2015	2016
浙江省	**102.51**	**107.61**	**103.99**	**81.22**	**49.01**	**53.13**
杭州市	8.41	11.92	9.59	10.17	8.94	3.63
宁波市						8.10
温州市	8.02	0.32	0.32	6.51	1.80	1.80
嘉兴市	11.34	19.60	22.61	11.74	7.90	4.00
湖州市	9.49	10.75	10.15	9.63	8.20	7.80
绍兴市	20.38	18.66	15.31	12.45	12.30	8.67
金华市	17.82	19.92	18.72	15.72	4.20	4.80
衢州市	4.48	6.02	5.02	4.50	3.37	2.75
舟山市	3.40	3.40	3.40	2.90	2.30	2.16
台州市	19.17	17.02	18.87	7.60		7.08
丽水市						2.34

12-7　续表

地　区	标准煤(万吨)					
	2011	2012	2013	2014	2015	2016
浙江省	**48.21**	**49.97**	**47.22**	**40.71**	**23.82**	**22.12**
杭州市	3.95	5.50	4.40	4.52	4.00	1.68
宁波市						0.30
温州市	3.77	0.10	0.10	2.68	0.80	0.80
嘉兴市	5.33	9.40	10.20	5.87	4.00	2.00
湖州市	4.46	4.80	4.70	4.50	4.10	3.90
绍兴市	9.60	8.70	7.00	5.90	5.90	4.30
金华市	8.38	9.40	8.10	8.00	2.10	2.40
衢州市	2.11	2.70	2.60	2.34	1.72	1.42
舟山市	1.60	1.60	1.60	1.30	1.20	0.97
台州市	9.01	7.70	8.50	5.60		3.19
丽水市						1.17

12-8 各地区农村非商品能源生活消费情况(薪柴)(2016年)

地　区	实物(万吨)					
	2011	2012	2013	2014	2015	2016
浙江省	**176.41**	**167.19**	**157.70**	**157.30**	**121.86**	**122.38**
杭州市	24.42	24.86	22.42	23.01	19.82	18.89
宁波市				3.60	3.60	1.80
温州市	14.63	9.83	9.83	4.20	3.90	3.90
嘉兴市	3.11	4.44	5.29	5.92	5.30	5.20
湖州市	6.25	7.78	7.52	7.21	6.60	6.49
绍兴市	13.15	12.45	12.79	11.66	11.50	10.10
金华市	23.29	21.79	17.24	19.63	15.40	23.10
衢州市	25.02	23.20	21.63	22.30	18.04	17.14
舟山市	0.75	0.75	0.78	0.70	0.71	0.76
台州市	24.59	23.95	24.56	22.90	4.50	4.50
丽水市	41.20	38.14	35.64	36.17	32.50	30.50

12-8　续表

地　区	标准煤(万吨)					
	2011	2012	2013	2014	2015	2016
浙江省	**100.73**	**95.50**	**90.00**	**89.82**	**69.58**	**69.88**
杭州市	13.94	14.20	12.80	13.14	11.31	10.79
宁波市				2.06	2.06	1.03
温州市	8.35	5.60	5.60	2.40	2.23	2.23
嘉兴市	1.78	2.50	3.00	3.38	3.03	2.97
湖州市	3.57	4.40	4.30	4.12	3.77	3.71
绍兴市	7.51	7.10	7.30	6.66	6.57	5.77
金华市	13.30	12.40	9.80	11.21	8.79	13.19
衢州市	14.29	13.20	12.40	12.73	10.30	9.78
舟山市	0.43	0.40	0.40	0.40	0.41	0.43
台州市	14.04	13.70	14.00	13.10	2.57	2.57
丽水市	23.53	21.80	20.40	20.65	18.56	17.42

12-9 各地区农业污染情况(2016年)

地　区	农业化学需氧量排放量（吨）	畜禽养殖业	水产养殖业
浙江省	**30268.7**	**30268.7**	
杭州市	10225.0	10225.0	
宁波市	183.3	183.3	
温州市	1284.8	1284.8	
嘉兴市	220.5	220.5	
湖州市			
绍兴市	16054.1	16054.1	
金华市	1464.0	1464.0	
衢州市	618.9	618.9	
舟山市			
台州市	213.2	213.2	
丽水市	4.9	4.9	

资料来源:省环境保护厅。

12-9　续表

地　区	农业氨氮排放量（吨）	畜禽养殖业	种植业	水产养殖业
浙江省	**770.0**	**770.0**		
杭州市	395.6	395.6		
宁波市	21.8	21.8		
温州市	3.0	3.0		
嘉兴市	22.0	22.0		
湖州市				
绍兴市	232.8	232.8		
金华市	44.3	44.3		
衢州市	29.0	29.0		
舟山市				
台州市	20.5	20.5		
丽水市	0.97	0.97		

附录一、人口资源环境主要统计指标

附录1 全国人口资源环境主要统计指标

指　标		2015	2016
1.人口构成			
总人口	（万人）	137462	138271
#城镇		77116	79298
乡村		60346	58973
2.土地资源			
耕地面积	（万公顷）	13499.9	13492.1
人均耕地面积	（亩）	1.47	1.46
3.水资源			
水资源总量	（亿立方米）	27962.6	32466.4
人均水资源量	（立方米/人）	2039.2	2354.9
用水总量	（亿立方米）	6103.2	6040.2
#工业用水量		1334.8	1308.0
人均用水量	（立方米/人）	445.1	438.1
单位GDP用水量	（立方米/万元）	88.6	82.1
单位工业增加值用水量	（立方米/万元）	56.4	52.2
4.森林资源			
森林面积	（万公顷）	20768.7	20768.7
森林覆盖率	（%）	21.63	21.63
活立木总蓄积量	（亿立方米）	164.3	164.3
森林蓄积量	（亿立方米）	151.4	151.4
人均森林面积	（公顷/人）	0.15	0.15
5.能源			
一次能源生产量	（万吨标准煤）	361476	346037
构成（能源生产总量=100）			
原煤	（%）	72.2	69.8
原油	（%）	8.5	8.2
天然气	（%）	4.8	5.2
一次电力及其他	（%）	14.5	16.8
人均能源生产量	（千克标准煤/人）	2636	2510
能源消费总量	（万吨标准煤）	429905	435822
构成（能源生产总量=100）			
煤炭	（%）	63.7	62.0
石油	（%）	18.3	18.5
天然气	（%）	5.9	6.2
一次电力及其他	（%）	12.1	13.3

附录1 续表

指　标		2015	2016
人均能源消费量	（千克标准煤/人）	3135	3161
能源生产弹性系数		–	–
能源消费弹性系数		0.14	0.21
电力生产弹性系数		0.42	0.84
电力消费弹性系数		0.42	0.84
单位国内生产总值能源消费量	（吨标准煤/万元）	0.62	0.59
6.污染物排放			
废水排放量	（亿吨）	735.3	
化学需氧量排放量	（万吨）	2223.5	
氨氮排放量	（万吨）	229.9	
二氧化硫排放量	（万吨）	1859.1	
氮氧化物排放量	（万吨）	1851.0	
一般工业固体废物倾倒丢弃量	（万吨）	55.8	
单位国内生产总值废水排放量	（吨/万元）	10.7	
单位国内生产总值化学需氧量排放量	（千克/万元）	3.2	
单位国内生产总值氨氮排放量	（千克/万元）	0.3	
单位国内生产总值二氧化硫排放量	（千克/万元）	2.7	
单位国内生产总值氮氧化物排放量	（千克/万元）	2.7	
城市生活垃圾清运量	（万吨）	19142	20362
7.污染治理投资			
环境污染治理投资	（亿元）	8806	9220
环境污染治理投资占GDP比重	（%）	1.28	1.24

注：国内生产总值按2015年可比价格计算。

附录1-2 全省人口资源环境主要统计指标

指标		2015	2016
1.人口构成			
总人口	（万人）	5539.00	5590.00
#城镇		3644.70	3745.30
乡村		1894.30	1844.70
2.土地资源			
耕地面积	（万公顷）	197.79	197.46
人均耕地面积	（亩）	0.54	0.53
3.水资源			
水资源总量	（亿立方米）	1405.11	1322.16
人均水资源量	（立方米/人）	2543.88	2376.06
用水总量	（亿立方米）	186.06	181.15
#工业用水量		51.59	48.37
人均用水量	（立方米/人）	336.85	325.54
单位GDP用水量	（立方米/万元）	45.32	38.66
单位工业增加值用水量	（立方米/万元）	105.17	95.92
4.森林资源			
森林面积	（万公顷）	605.68	605.91
森林覆盖率	（%）	60.96	61.00
活立木总蓄积量	（亿立方米）	3.31	3.50
森林蓄积量	（亿立方米）	2.97	3.15
人均森林面积	（公顷/人）	0.11	0.11
5.能源			
一次能源生产量	（万吨标准煤）	2133	2338
构成（能源生产总量=100）			
原煤	（%）		
原油	（%）		
天然气	（%）		
一次电力及其他	（%）	100.0	100.0
人均能源生产量	（千克标准煤/人）		
能源消费总量	（万吨标准煤）	19610	20276
构成（能源生产总量=100）			
煤炭	（%）	52.4	50.8
石油	（%）	22.4	21.2
天然气	（%）	4.9	5.2
一次电力及其他	（%）	20.3	22.8

附录1-2 续表

指　标		2015	2016
人均能源消费量	（千克标准煤/人）	3540	3627
能源生产弹性系数		4.65	1.28
能源消费弹性系数		0.53	0.46
电力生产弹性系数		0.58	0.83
电力消费弹性系数		0.18	1.21
单位国内生产总值能源消费量	（吨标准煤/万元）	0.48	0.44
6.污染物排放			
废水排放量	（亿吨）	43.38	43.09
化学需氧量排放量	（万吨）	68.32	46.15
氨氮排放量	（万吨）	9.85	7.30
二氧化硫排放量	（万吨）	53.78	26.84
氮氧化物排放量	（万吨）	60.77	38.04
一般工业固体废物倾倒丢弃量	（万吨）		0.28
单位国内生产总值废水排放量	（吨/万元）	10.57	9.20
单位国内生产总值化学需氧量排放量	（千克/万元）	1.66	0.98
单位国内生产总值氨氮排放量	（千克/万元）	0.24	0.16
单位国内生产总值二氧化硫排放量	（千克/万元）	1.31	0.57
单位国内生产总值氮氧化物排放量	（千克/万元）	1.48	0.81
城市生活垃圾清运量	（万吨）	1332.63	1433.55
7.污染治理投入			
环境污染治理投资	（亿元）	520.76	808.38
环境污染治理投资占GDP 比重	（%）	1.21	1.71

注:2015年起,统计口径调整,用水总量不含环境配水量。

附录二、"十三五"规划主要环境保护指标

附录2-1 “十三五”规划全国资源环境主要指标

指 标			2015	2020	年均增速 [累计]	属性
耕地保有量		(亿亩)	18.65	18.65	[0]	约束性
新增建设用地规模		(万亩)	—	—	[<3256]	约束性
万元GDP用水量下降		(%)	—	—	[23]	约束性
单位GDP能源消耗降低		(%)	—	—	[15]	约束性
非化石能源占一次能源消费比重		(%)	12	15	[3]	约束性
单位GDP二氧化碳排放降低		(%)	—	—	[18]	约束性
森林发展	森林覆盖率	(%)	21.66	23.04	[1.38]	约束性
	森林蓄积量	(亿立方米)	151	165	[14]	
空气质量	地级及以上城市空气质量优良天数比率	(%)	76.7	>80	—	
	细颗粒物($PM_{2.5}$)未达标地级及以上城市浓度下降	(%)	—	—	[18]	约束性
地表水质量	达到或好于Ⅲ类水体比例	(%)	66	>70	—	约束性
	劣Ⅴ类水体比例	(%)	9.7	<5	—	
主要污染物排放总量减少(%)	化学需氧量	COD	—	—	[10]	约束性
	二氧化硫	SO_2			[10]	
	氨氮	Ammonia Nitrogen			[15]	
	氮氧化物	NO_x			[15]	

注:国内生产总值按可比价格计算;[ ]内为五年累计数;$PM_{2.5}$未达标指年均值超过35微克/立方米。

附录2-2 “十三五”规划全省资源环境主要指标

指标			2015	2020	年均增速[累计]	属性
耕地保有量		(万亩)	3093 (2014年)	国家下达指标	—	约束性
万元GDP用水量下降		(%)	—	—	国家下达指标	约束性
单位GDP能源消耗降低		(%)	—	—	国家下达指标	约束性
非化石能源占一次能源消费比重		(%)	16	20左右	[4]	约束性
单位GDP二氧化碳排放降低		(%)	—	—	国家下达指标	约束性
森林发展	森林覆盖率	(%)	60.9	61	[0.1]	约束性
	森林蓄积量	(万立方米)	33000	40000	[7000]	约束性
空气质量	地级及以上城市空气质量优良天数比率	(%)	75.5(2014年)	80.0	[4.5]	约束性
	地级及以上城市细颗粒物($PM_{2.5}$)浓度下降	(%)	—	—	国家下达指标	约束性
地表水质量	地表水达到或好于Ⅲ类水体比例	(%)	64(2014年)	80	[16]	约束性
主要污染物排放总量减少(%)	化学需氧量	COD	—	—	国家下达指标	约束性
	二氧化硫	SO_2				
	氨氮					
	氮氧化物	NO_x				

注:国内生产总值按可比价格计算;[ ]内为五年累计数。水质比例指标以国家“水十条”规定的2014年为基准年。

附录三、东中西部地区主要环境指标

附录3-1 东中西部地区水资源情况(2016年)

单位:亿立方米

区域	地区	水资源总量	地表水	地下水	地表水与地下水重复量	人均水资源量
	全国	**32466.4**	**31273.9**	**8854.8**	**7662.3**	**2354.9**
东部	**东部小计**	**7666.1**	**7262.4**	**1898.6**	**1494.9**	**1453.7**
	北京	35.1	14.0	24.2	3.1	161.6
	天津	18.9	14.1	6.1	1.3	121.6
	河北	208.3	105.9	133.7	31.3	279.7
	上海	61.0	52.7	11.3	3.0	252.3
	江苏	741.7	605.8	164.0	28.1	928.6
	浙江	1323.3	1306.8	255.5	239.0	2378.1
	福建	2109.0	2107.1	450.7	448.8	5468.7
	山东	220.3	121.2	164.8	65.7	222.6
	广东	2458.6	2448.5	570.0	559.9	2250.6
	海南	489.9	486.3	118.3	114.7	5360.0
中部	**中部小计**	**7632.3**	**7349.1**	**1805.3**	**1522.1**	**2085.4**
	山西	134.1	88.9	104.9	59.7	365.1
	安徽	1245.2	1179.2	219.3	153.3	2018.2
	江西	2221.1	2203.2	501.9	484.0	4850.6
	河南	337.3	220.1	190.2	73.0	354.8
	湖北	1498.0	1468.2	313.6	283.8	2552.6
	湖南	2196.6	2189.5	475.4	468.3	3229.1
西部	**西部小计**	**15503.7**	**15235.5**	**4589.6**	**4321.4**	**4159.4**
	内蒙古	426.5	268.5	248.2	90.2	1695.5
	广西	2178.6	2176.8	529.2	527.4	4522.7
	重庆	604.9	604.9	112.3	112.3	1994.7
	四川	2340.9	2339.7	593.3	592.1	2843.3
	贵州	1066.1	1066.1	251.3	251.3	3009.5
	云南	2088.9	2088.9	699.7	699.7	4391.7
	西藏	4642.2	4642.2	1028.0	1028.0	141746.6
	陕西	271.5	249.2	107.4	85.1	713.9
	甘肃	168.4	160.9	108.7	101.2	646.4
	青海	612.7	591.5	282.5	261.3	10376.0
	宁夏	9.6	7.5	18.6	16.5	143.0
	新疆	1093.4	1039.3	610.4	556.3	4596.0
东北	**东北小计**	**1664.1**	**1426.9**	**561.5**	**324.3**	**1522.7**
	辽宁	331.6	286.2	120.9	75.5	757.1
	吉林	488.8	420.7	154.7	86.6	1782.0
	黑龙江	843.7	720.0	285.9	162.2	2217.1

资料来源:水利部。

附录3-2 东中西部地区环境污染治理投资情况(2016年)

单位:亿元

区域	地区	环境污染治理投资总额	城市环境基础设施建设投资	工业污染源治理投资	当年完成环保验收项目环保投资	环境污染治理投资占GDP比重(%)
	全国	**9219.8**	**5412.0**	**819.0**	**2988.8**	**1.24**
东部	**东部小计**	**4116.9**	**2394.5**	**409.1**	**1313.3**	**1.00**
	北京	674.2	650.5	9.9	13.8	2.63
	天津	53.5	38.4	10.4	4.7	0.30
	河北	399.6	264.2	24.8	110.6	1.25
	上海	205.3	58.2	51.9	95.2	0.73
	江苏	765.6	453.2	74.8	237.6	0.99
	浙江	650.6	300.1	60.2	290.3	1.38
	福建	189.6	102.6	22.6	64.4	0.66
	山东	780.8	402.4	126.4	251.9	1.15
	广东	367.5	99.8	26.5	241.2	0.45
	海南	30.3	25.0	1.6	3.7	0.75
中部	**中部小计**	**2362.1**	**1340.2**	**196.8**	**825.1**	**1.47**
	山西	525.7	157.1	30.1	338.6	4.03
	安徽	498.2	335.1	41.5	121.6	2.04
	江西	313.3	178.2	10.4	124.7	1.69
	河南	359.8	213.1	65.2	81.5	0.89
	湖北	464.7	322.7	36.9	105.0	1.42
	湖南	200.4	133.9	12.7	53.8	0.64
西部	**西部小计**	**2278.3**	**1402.8**	**166.4**	**709.0**	**1.45**
	内蒙古	456.0	298.9	40.6	116.5	2.52
	广西	204.2	160.2	13.0	31.0	1.11
	重庆	144.2	94.5	3.7	46.0	0.81
	四川	290.4	210.8	11.6	67.9	0.88
	贵州	118.4	94.0	5.7	18.7	1.01
	云南	145.8	70.3	12.7	62.8	0.99
	西藏	14.1	13.8	0.1	0.1	1.22
	陕西	317.4	190.3	19.5	107.6	1.64
	甘肃	117.6	69.6	11.0	36.9	1.63
	青海	56.3	18.3	9.6	28.4	2.19
	宁夏	101.2	27.2	24.2	49.7	3.19
	新疆	312.8	154.7	14.6	143.4	3.24
东北	**东北小计**	**434.0**	**274.5**	**46.6**	**112.8**	**0.83**
	辽宁	176.2	107.9	19.4	48.9	0.79
	吉林	84.1	58.2	9.8	16.1	0.57
	黑龙江	173.6	108.4	17.4	47.8	1.13

资料来源:环境保护部、住房和城乡建设部。

附录3-3 东中西部地区城市环境情况(2016年)

区域	地区	城市污水排放量(万立方米)	城市污水处理率(%)	城市燃气普及率(%)	生活垃圾无害化处理率(%)
	全国	**4803049**	**93.4**	**95.8**	**96.6**
东部	**东部小计**	**2546247**	**93.8**	**99.0**	**98.7**
	北京	169540	90.6	100.0	99.8
	天津	99693	92.1	100.0	94.2
	河北	171190	95.4	98.9	97.8
	上海	236248	94.3	100.0	100.0
	江苏	427570	94.6	99.5	99.9
	浙江	277096	93.9	100.0	100.0
	福建	122965	91.3	97.2	98.4
	山东	320102	96.2	99.5	100.0
	广东	689202	94.0	97.4	96.2
	海南	32641	77.0	97.3	99.9
中部	**中部小计**	**892710**	**94.6**	**94.3**	**97.6**
	山西	74553	90.1	97.9	94.6
	安徽	159297	97.4	98.1	99.9
	江西	88768	89.7	95.3	95.0
	河南	185413	95.9	88.9	98.8
	湖北	209620	95.0	96.3	95.8
	湖南	175059	94.3	93.3	99.9
西部	**西部小计**	**898619**	**91.6**	**91.4**	**94.9**
	内蒙古	63261	94.5	94.9	98.9
	广西	136471	92.1	95.9	99.0
	重庆	104129	96.8	96.1	100.0
	四川	199603	89.7	91.8	98.6
	贵州	54056	94.6	85.7	94.7
	云南	88280	92.3	78.8	93.0
	西藏	9047	86.4	53.0	91.2
	陕西	92129	91.4	94.7	98.5
	甘肃	34688	93.8	88.2	72.8
	青海	18484	77.8	87.6	96.3
	宁夏	28009	93.7	90.7	98.3
	新疆	70462	85.7	97.9	83.3
东北	**东北小计**	**465473**	**92.7**	**92.5**	**88.0**
	辽宁	256798	93.6	96.1	93.3
	吉林	86821	91.8	93.0	86.3
	黑龙江	121854	91.4	86.7	80.6

资料来源:住房和城乡建设部。

附录3-4 东中西部地区农村环境情况(2016年)

区　域	地　区	卫生厕所普及率(%)	无害化卫生厕所普及率(%)	农村改厕投资(万元)
	全　国	**80.30**	**60.52**	**1617936**
东部	**东部小计**	**91.02**	**79.88**	**771739**
	北　京	99.79	99.79	490
	天　津	94.39	94.39	558
	河　北	73.16	52.30	81100
	上　海	99.15	98.30	4978
	江　苏	97.39	91.10	32947
	浙　江	98.34	96.32	141872
	福　建	93.90	92.11	28127
	山　东	92.06	67.91	375817
	广　东	93.74	90.30	85803
	海　南	79.75	78.34	20048
中部	**中部小计**	**77.13**	**52.07**	**289433**
	山　西	58.77	37.22	21722
	安　徽	68.93	40.58	87003
	江　西	89.05	69.30	46420
	河　南	79.56	60.82	35494
	湖　北	83.01	60.95	40283
	湖　南	79.55	42.30	58510
西部	**西部小计**	**71.60**	**53.30**	**486937**
	内蒙古	71.39	30.06	44599
	广　西	85.60	78.94	96596
	重　庆	67.86	67.86	17231
	四　川	80.89	63.35	121976
	贵　州	57.97	39.09	62979
	云　南	64.81	38.83	58092
	西　藏	40.36		
	陕　西	57.64	46.61	14268
	甘　肃	75.79	36.41	29345
	青　海	69.17	19.66	1378
	宁　夏	68.45	54.50	7457
	新　疆	64.64	48.36	33017
东北	**东北小计**	**79.03**	**27.86**	**69827**
	辽　宁	76.93	42.55	23860
	吉　林	80.61	18.67	37906
	黑龙江	80.38	17.07	8061

资料来源:国家卫生和计划生育委员会。

附录四、世界主要国家和地区环境统计指标

附录4-1 淡水资源(2014年)

国家或地区	淡水抽取量(亿立方米)	人均可再生淡水资源(立方米)	年度淡水抽取量			
			占水资源总量的比重(%)	农业用水(%)	工业用水(%)	生活用水(%)
阿富汗	20.3	1491	43.0	99	1	1
阿尔巴尼亚	1.3	9296	4.9	39	18	43
阿尔及利亚	8.4	289	74.9	59	5	36
美属萨摩亚						
安道尔		4336				
安哥拉	0.7	6109	0.5	21	34	45
安提瓜和巴布达		572	22.1	16	22	63
阿根廷	37.8	6794	12.9	74	11	15
亚美尼亚	2.9	2282	42.9	39	4	30
荷　兰						
澳大利亚	19.8	20968	4.0	66	13	22
奥地利	3.7	6439	6.6	3	79	18
阿塞拜疆	12.0	851	147.5	84	19	4
巴哈马		1827				
巴　林	0.4	3	8935.0	45	6	50
孟加拉国	35.9	660	34.2	88	2	10
巴巴多斯	0.1	282	101.3	68	8	25
白俄罗斯	1.5	3585	4.5	32	32	36
比利时	6.2	1068	51.5	1	88	11
伯利兹	0.1	43389	0.7	68	21	11
贝　宁	0.1	972	1.3	45	23	32
百慕大						
不　丹	0.3	101960	0.4	94	1	5
玻利维亚	2.1	28735	0.7	92	2	7
波　黑	0.3	9299	0.9		15	
博茨瓦纳	0.2	1081	8.1	41	18	41
巴　西	74.8	27470	1.3	60	17	23
文　莱	0.1	20364	1.1	6		
保加利亚	6.1	2907	29.1	16	68	16
布基纳法索	0.8	711	6.5	51	3	46
布隆迪	0.3	930	2.9	77	6	17
佛得角		584	7.3	91	2	7
柬埔寨	2.2	7868	1.8	94	2	4
喀麦隆	1.0	11988	0.4	76	7	17
加拿大	38.8	80183	1.4	12	80	14
开曼群岛						
中　非	0.1	29349	0.1	1	17	83
乍　得	0.9	1104	5.9	76	12	12
海峡群岛						
智　利	35.4	49824	4.0	83	13	4
中　国	554.1	2062	19.7	65	23	12
中国香港						
中国澳门						
哥伦比亚	11.8	44883	0.5	54	19	27
科摩罗		1558	0.8	47	5	48
刚果民主共和国	0.7	12020	0.1	11	21	68
刚　果		49279		9	22	70
哥斯达黎加	2.4	23751	2.1	57	11	32
科特迪瓦	1.5	3468	2.0	38	21	41
克罗地亚	0.6	8895	1.7	1	14	85
古　巴	7.0	3350	18.3	65	11	24

资料来源:世界银行WDI数据库。

附录4-1　续表 1

国家或地区	淡水抽取量（亿立方米）	人均可再生淡水资源（立方米）	年度淡水抽取量			
			占水资源总量的比重（%）	农业用水（%）	工业用水（%）	生活用水（%）
库拉索岛						
塞浦路斯	0.2	676	23.6	86	3	10
捷　克	1.8	1249	14.0	2	63	35
丹　麦	0.7	1063	10.9	25	20	55
吉布提		342	6.3	16		84
多米尼加		2765	10.0	5		95
多米尼加共和国	7.2	2258	30.5	80	8	12
厄瓜多尔	9.9	27819	2.2	81	6	13
埃　及	68.3	20	3794.4	86	6	8
萨尔瓦多	2.1	2559	13.6	68	10	22
赤道几内亚		31673	0.1	6	15	79
厄立特里亚	0.6	635	20.8	95		5
爱沙尼亚	1.6	9669	12.8		96	4
埃塞俄比亚	5.6	1258	4.6	94		6
法罗群岛						
斐　济	0.1	32207	0.3	61	11	28
芬　兰	6.6	19592	6.1	1	93	6
法　国	33.1	3008	16.6	9	74	17
法属波利尼西亚		38408				
加　蓬	0.1	97175	0.1	29	10	61
冈比亚	0.1	1556	3.0	43	19	37
格鲁吉亚	1.8	15597	3.1	58	22	20
德　国	33.0	1321	30.9	1	84	15
加　纳	1.0	1131	3.2	66	10	24
希　腊	9.5	5325	16.4	89	2	9
格陵兰		10662187				
格林纳达		1881	7.1	15		85
关　岛						
危地马拉	3.3	6818	3.0	57	18	25
几内亚	0.6	18411	0.2	53	9	38
几内亚比绍	0.2	8886	1.1	82	5	13
圭亚那	1.4	315489	0.6	94	1	4
海　地	1.5	1231	11.1	83	4	13
洪都拉斯	1.6	11387	1.8	73	7	20
匈牙利	5.1	608	84.2	6	79	14
冰　岛	0.2	519265	0.1	42	8	49
印　度	761.0	1116	52.6	90	2	7
印度尼西亚	113.3	7935	5.6	82	7	12
伊　朗	93.3	1644	72.6	92	1	7
伊拉克	66.0	998	187.5	79	15	7
爱尔兰	0.8	10612	1.5	15	7	83
马恩岛						
以色列	2.0	91	260.5	58	6	36
意大利	53.8	3002	29.5	44	36	17
牙买加	0.8	3977	7.5	55	9	35
日　本	81.5	3382	18.9	67	14	19
约　旦	0.9	92	138.0	65	4	31
哈萨克斯坦	21.1	3722	32.9	66	30	4
肯尼亚	3.2	461	15.5	59	4	37
基里巴斯						
朝　鲜	8.7	2677	12.9	76	13	10
韩　国	29.2	1286	45.0	55	15	24

附录4-1　续表 2

国家或地区	淡水抽取量（亿立方米）	人均可再生淡水资源（立方米）	年度淡水抽取量 占水资源总量的比重（%）	农业用水（%）	工业用水（%）	生活用水（%）
科索沃						
科威特	0.9			54	2	44
吉尔吉斯斯坦	8.0	8385	16.4	93	4	3
老　挝	3.5	28463	1.8	91	5	4
拉脱维亚	0.4	8396	2.5	13	49	38
黎巴嫩	1.3	855	27.3	60	11	29
莱索托		2480	0.8	9	46	46
利比里亚	0.1	45490	0.1	9	36	54
利比亚	4.3	112	618.0	83	3	14
列支敦士登						
立陶宛	2.4	5272	15.4	3	90	7
卢森堡		1798	4.5		8	91
马其顿	1.0	2602	19.0	12	67	21
马达加斯加	16.5	14297	4.9	98	1	1
马拉维	1.4	967	8.4	86	4	11
马来西亚	11.2	19397	1.9	22	43	35
马尔代夫		75	19.7		5	95
马　里	5.2	3512	8.6	98		2
马耳他	0.1	118	106.7	35	1	64
马绍尔群岛						
毛里塔尼亚	1.4	101	337.5	91	2	7
毛里求斯	0.7	2182	26.4	68	3	30
墨西哥	80.3	3262	19.6	77	9	14
密克罗尼西亚						
摩尔多瓦	1.1	456	65.7	3	83	14
摩纳哥						100
蒙　古	0.6	11959	1.6	44	43	13
黑　山	0.2			1	39	60
摩洛哥	10.4	855	36.0	88	2	10
莫桑比克	0.9	3685	0.9	78	3	19
缅甸	33.2	18770	3.3	89	1	10
纳米比亚	0.3	2564	4.7	70	5	25
尼泊尔	9.5	7035	4.8	98		2
荷　兰	10.7	652	97.0	1	87	11
新喀里多尼亚						
新西兰	5.2	72510	1.6	62	23	16
尼加拉瓜	1.5	25973	1.0	77	5	19
尼日尔	1.0	183	28.1	67	3	30
尼日利亚	13.1	1245	5.9	54	15	31
北马里亚纳群岛						
挪　威	2.9	74359	0.8	29	43	28
阿　曼	1.3	330	94.4	88	1	10
巴基斯坦	183.5	297	333.6	94	1	5
帕　劳						
巴拿马	1.0	35320	0.8	43	1	56
巴布亚新几内亚	0.4	107321			43	57
巴拉圭	2.4	17856	2.1	79	6	15
秘　鲁	13.7	52981	0.8	89	2	9
菲律宾	81.6	4832	17.0	82	10	8
波　兰	11.5	1410	21.4	10	73	18
葡萄牙	9.2	3653	24.1	79	13	11
波多黎各	1.0	2009	14.0	7	2	91
卡塔尔	0.4	26	792.9	59	2	39

附录4-1　续表 3

国家或地区	淡水抽取量(亿立方米)	人均可再生淡水资源(立方米)	年度淡水抽取量			
			占水资源总量的比重(%)	农业用水(%)	工业用水(%)	生活用水(%)
罗马尼亚	6.9	2129	16.2	17	61	22
俄罗斯联邦	66.2	29989	1.5	20	60	20
卢旺达	0.2	838	1.6	68	8	24
萨摩亚						
圣马力诺						
圣多美和普林西比		11699	0.3			
沙特阿拉伯	23.7	78	986.3	88	3	9
塞内加尔	2.2	1758	8.6	93	3	4
塞尔维亚	4.1	1179	49.0	2	82	17
塞舌尔				7	28	66
塞拉利昂	0.2	25334	0.1	22	26	52
新加坡		110				
圣马丁岛(荷兰部分)						
斯洛伐克共和国	0.7	2325	5.5	3	50	47
斯洛文尼亚	0.9	9054	5.0		82	18
所罗门群岛		78123				
索马里	3.3	570	55.0	99		
南　非	12.5	829	27.9	63	6	31
南苏丹	0.7	2183	2.5	36	34	29
西班牙	33.5	2392	30.2	64	21	16
斯里兰卡	13.0	2542	24.5	87	6	6
圣基茨岛和尼维斯		437	65.0	1		99
圣露西亚		1634	14.3	71		29
圣马丁(法国部分)						
圣文森特和格林纳丁斯		914	8.5			100
苏　丹	26.9	102	673.3	96		4
苏里南	0.6	183930	0.6	70	22	8
斯威士兰	1.0	2080	39.5	97	1	2
瑞　典	2.7	17636	1.6	4	63	34
瑞　士	2.0	4934	4.9	10	54	36
叙利亚	16.8	380	235.0	88	4	9
塔吉克斯坦	11.5	7650	18.1	91	4	6
坦桑尼亚	5.2	1621	6.2	89		10
泰　国	57.3	3315	25.5	90	5	5
东帝汶	1.2	6777	14.3	91		8
多　哥	0.2	1616	1.5	45	2	53
汤　加						
特立尼达和多巴哥	0.4	2835	10.0	4	34	62
突尼斯	3.3	381	78.8	80	5	15
土耳其	40.1	2928	17.7	74	11	15
土库曼斯坦	28.0	265	1989.3	94	3	3
特克斯和凯科斯群岛						
图瓦卢						
乌干达	0.6	1032	1.6	41	8	51
乌克兰	14.9	1215	27.0	30	48	22
阿拉伯联合酋长国	4.0	17	2665.3	83	2	15
英　国	10.8	2244	7.5	9	32	58
美　国	478.4	8836	17.0	40	46	14
乌拉圭	3.7	26963	4.0	87	2	11
乌兹别克斯坦	56.0	531	342.7	90	3	7
瓦努阿图						
委内瑞拉	22.6	26227	2.8	74	4	23
越　南	82.0	3961	22.8	95	4	1
维尔京群岛(美国)						
约旦河西岸和加沙	0.4	189	51.5	45	7	48
也　门	3.6	80	169.8	91	2	7
赞比亚	1.6	5101	2.0	73	8	18
津巴布韦	4.2	804	34.3	79	7	14

附录4-2 供 水

国家或地区	最近年份	淡水供应量（百万立方米）	人均淡水供应量（立方米/人）	最近年份	供水受益率（%）	受益人口人均淡水供应量（立方米/人）
阿尔巴尼亚	2012	97	34	2012	80.0	42
阿尔及利亚	2012	6422	172	2012	98.0	175
安道尔	2012	6	81	2012	100.0	81
安哥拉				2011	15.3	
安提瓜和巴布达	2012	5	60	2011	82.0	
亚美尼亚	2012	104	35	2012	96.6	36
澳大利亚	2004	11337	567			
奥地利	2010	587	70	2008	95.1	
阿塞拜疆	2012	250	27	2009	44.6	
巴林				2007	4.9	
白俄罗斯	2012	652	69			
比利时	2011	292	27	2009	100.0	
伯利兹	2012	8	23	2012	57.6	39
贝宁	2009	28	3			
百慕大	2009	4	61	2009	10.0	613
玻利维亚	2012	149	15	2012	78.0	19
波黑	2012	150	39	2012	54.5	72
博茨瓦纳	2009	65	32	2006	96.0	
巴西	2012	9601	47	2012	79.9	59
英属维尔京群岛				2001	48.4	
文莱				2009	99.9	
保加利亚	2013	388	53	2013	99.3	54
喀麦隆	2009	85	4	2007	43.9	
加拿大	1996	5201	176			
中非共和国				2009	30.0	
智利	2008	970	58	2008	99.8	58
中国香港	2008	956	138	2008	99.9	138
中国澳门	2009	68	131	1996	99.6	
哥伦比亚	2010	2116	46	2010	97.6	47
哥斯达黎加	2012	283	61	2012	92.7	65
克罗地亚	2013	279	65	2011	85.5	
古巴				2012	93.5	
塞浦路斯	2013	78	68	2013	100.0	68
捷克	2013	478	45	2013	93.7	48
丹麦	2009	386	70	2002	97.0	

资料来源：联合国统计司/环境规划署环境统计问卷，水部分。
欧盟统计局环境统计数据。
经合组织统计资料，水部分。
联合国经济社会局人口处，世界人口展望2015。

附录4-2 续表 1

国家或地区	最近年份	淡水供应量（百万立方米）	人均淡水供应量（立方米/人）	最近年份	供水受益率（%）	受益人口人均淡水供应量（立方米/人）
多米尼加	2002	9574	1084			
厄瓜多尔				2012	74.5	
埃及	2009	7400	92	2009	98.0	94
爱沙尼亚	2013	52	39	2013	82.2	48
芬兰				2012	92.0	
法国	2011	3872	61	2010	99.0	62
法属圭亚那	2004	11	55			
冈比亚				2005	50.0	
格鲁吉亚	2012	605	146	2012	75.0	195
德国	2004	4729	58	2010	99.3	
希腊	2007	626	56	2007	94.0	60
瓜德卢普	2004	31	69			
危地马拉				2011	74.9	
几内亚	2009	68	6			
圭亚那	2012	127	167			
匈牙利	2013	437	44	2013	100.0	44
冰岛	2014			2014	95.0	
印度尼西亚	2012	2969	12			
伊拉克	2012	4116	125	2012	85.0	147
爱尔兰	2011	669	144	2007	85.0	
以色列	2008	2001	282			
意大利	2012	5232	88			
牙买加	2012	94	34	2005	70.0	
日本	2001	85968	682			
约旦	2012	197	28			
肯尼亚				2007	31.0	
科威特	2013	620	173	2013	100.0	173
吉尔吉斯斯坦	2012	10611	1879			
拉脱维亚	2007	249	114			
黎巴嫩	2008	326	79	2005	75.6	
立陶宛	2012	98	33	2012	76.0	43
莱索托				2013	99.9	
马达加斯加	2007	101	5			
马来西亚	2012	3479	120	2012	94.7	127
马尔代夫	2012	5	14			
马里				2009	73.1	
马耳他	2013	27	64	2013	100.0	64
马绍尔群岛				2006	32.0	
马提尼克	2011	29	74			

附录4-2　续表 2

国家或地区	最近年份	淡水供应量（百万立方米）	人均淡水供应量（立方米/人）	最近年份	供水受益率（%）	受益人口人均淡水供应量（立方米/人）
毛里求斯	2012	112	89	2012	99.7	89
墨西哥	2004	75430	697			
摩纳哥	2012	5	131	2012	100.0	131
黑山	2011	50	80			
摩洛哥				2012	80.2	
荷兰	2012	1070	64	2012	100.0	64
尼日尔	2012	52	3			
挪威				2013	89.0	
巴拿马	2012	352	94	2009	91.0	
巴拉圭				2012	76.9	
秘鲁	2012	49445	1640	2009	74.1	
菲律宾				2004	80.2	
波兰	2013	1522	39	2013	88.0	45
葡萄牙	2009	718	68	2009	96.9	70
卡塔尔	2012	343	170			
韩国	2003	22275	474			
摩尔多瓦	2012	81	20	2012	42.1	47
留尼汪	2004	83	106			
罗马尼亚	2013	975	49	2013	61.9	80
卢旺达	2012	20	2	2010	74.2	
塞尔维亚	2013	451	50	2013	81.8	62
新加坡	2012	628	118	2012	100.0	118
斯洛伐克	2014	286	53	2014	87.7	60
斯洛文尼亚	2013	108	52			
南非	2012	14647	277	2012	93.8	296
西班牙	2012	3621	78	2010	100.0	
巴勒斯坦				2012	96.6	
苏丹				2011	60.5	
苏里南	2012	40	76	2012	67.8	113
瑞典	2005	737	82	2010	86.0	
瑞士	2013	792	98	2012	99.2	
泰国	2007	2301	35			
马其顿	2008	666	324	2008	95.0	341
特立尼达和多巴哥				2002	76.4	
突尼斯	2010	1135	107	2012	83.0	
土耳其	2012	3318	44	2012	98.3	45
乌克兰	2009	1579	34			
阿拉伯联合酋长国	2012	1681	188			
英国	2011	3968	63			
委内瑞拉	2009	28268	990	2009	95.0	1042
越南				2012	32.0	
也门	2012	97	4	2012	18.5	21

附录4-3 氮氧化物排放

国家或地区	最近年份	氮氧化物排放量（千吨）	比1990年增减（%）	人均氮氧化物排放量（千克）
阿富汗	2005	62.58		2.56
阿尔巴尼亚	1994	18.01		5.73
阿尔及利亚	2000	283.21		9.08
安道尔	1997	0.71		11.07
安哥拉	2005	154.00		8.60
安提瓜和巴布达岛	2000	2.27		29.23
阿根廷	2000	675.79	31.13	18.24
亚美尼亚	2010	17.21	−77.53	5.81
澳大利亚	2012	2536.45	44.60	110.71
奥地利	2012	178.26	−8.46	21.08
阿塞拜疆	1994	113.00	−28.20	14.72
巴　林	2000	52.00		77.98
孟加拉国	2005	3.95		0.03
巴巴多斯	1997	0.05	−97.90	0.19
白俄罗斯	2012	189.92	−43.47	20.01
比利时	2012	193.31	−47.94	17.45
伯利兹	1994	5.60		27.75
贝　宁	2000	60.53		8.71
不　丹	2000	1.77		3.14
玻利维亚	2004	64.92	31.07	7.24
波　黑	2001	40.07	−51.76	10.55
巴　西	2005	3400.00	35.84	18.04
保加利亚	2012	148.48	−43.94	20.33
布基纳法索	1994	9.36		0.95
布隆迪	2005	11.23		1.42
佛得角	2000	2.03		4.62
柬埔寨	1994	38.02		3.67
喀麦隆	1994	252.22		18.62
中非共和国	1994	51.25		15.75
乍　得	1993	78.35		11.95
智　利	2010	272.20		16.00
哥伦比亚	2004	335.16	24.53	7.84
科摩罗	1994	0.46		0.99
刚　果	2000	17.65		5.68
哥斯达黎加	2005	26.88	−19.71	6.33
科特迪瓦	2000	290.49		17.59
克罗地亚	2012	55.19	−40.85	12.87

资料来源：联合国气候变化框架公约秘书处。

联合国统计司/联合国环境规划署2004年环境统计问卷，大气部分。

联合国经济社会事务部人口司，世界人口展望2015修订版，纽约，2015。

附录4-3　续表 1

国家或地区	最近年份	氮氧化物排放量（千吨）	比1990年增减（%）	人均氮氧化物排放量（千克）
古　巴	1996	101.54	−28.35	9.27
塞浦路斯	2012	2124.00	13321.34	1880.81
捷　克	2012	210.77	−71.61	19.99
朝　鲜	2002	159.00	−65.36	6.84
刚果民主共和国	2003	784.69		14.92
丹　麦	2012	119.79	−57.28	21.39
吉布提	2000	1..89		2.62
多米尼加	2005	0.63		8.93
多米尼加共和国	2000	93.12	68.33	10.88
厄瓜多尔	2006	231.77	47.71	16.59
萨尔瓦多	2005	40.42		6.80
厄立特里亚	2000	6.00		1.70
爱沙尼亚	2012	3182.00	4021.81	2403.25
埃塞俄比亚	1994	166.00	3.75	3.00
斐　济	2004	11.49		14.04
芬　兰	2012	146.75	−50.31	27.05
法　国	2012	1074.74	−44.59	16.91
加　蓬	2000	7.54		6.12
冈比亚	2000	6.83		5.56
格鲁吉亚	2006	27.67	−78.63	6.25
德　国	2012	1269.26	−55.88	15.77
加　纳	2000	205.64		10.92
希　腊	2012	258.91	−20.63	23.31
危地马拉	1990	43.79		4.78
几内亚	1994	70.42		9.34
几内亚比绍	1994	4.88		4.22
圭亚那	2004	17.00	1.80	22.91
海　地	2000	14.70		1.72
洪都拉斯	2000	47.77		7.65
匈牙利	2012	109.41	−53.02	10.99
冰　岛	2012	20.55	−24.70	63.54
印度尼西亚	2000	85.66	−28.91	0.40
伊　朗	2000	600.84		9.12
爱尔兰	2012	72.87	−40.17	15.61
以色列	2010	187.29		25.24
意大利	2012	881.52	−57.36	14.76
牙买加	1994	30.86		12.51
日　本	2012	1626.95	−20.35	12.80
约　旦	2006	116.00		20.98
哈萨克斯坦	2012	500.26	−25.89	29.74
肯尼亚	1994	49.98		1.88
基里巴斯	1994	…		0.00

附录4-3　续表 2

国家或地区	最近年份	氮氧化物排放量（千吨）	比1990年增减（%）	人均氮氧化物排放量（千克）
科威特	1994	113.00		66.79
吉尔吉斯斯坦	2005	64.92	-44.53	12.69
老　挝	2000	20.84	81.53	3.90
拉脱维亚	2012	34.87	-58.24	17.12
黎巴嫩	2000	58.70		18.14
莱索托	1998	5.05		2.77
利比里亚	2000	1.00		0.35
立陶宛	2012	59.53	-63.39	19.74
卢森堡	2005	0.44	175.00	0.96
马达加斯加	2000	27.64		1.76
马拉维	1994	26.31	-8.99	2.71
马　里	2000	42.54		3.85
马耳他	2012	8.86	17.37	21.33
毛里塔尼亚	2000	10.31		3.80
毛里求斯	2006	15.15		12.34
墨西哥	2002	1444.41	16.30	13.68
密克罗尼西亚	1994	2.25		21.25
摩纳哥	2012	0.33	-26.16	8.93
蒙　古	1998	2.98	29.57	1.27
黑　山	2003	10.94	5.80	17.81
摩洛哥	2000	190.91		6.46
莫桑比克	1994	93.81	22.08	6.11
缅　甸	2005	0.03		0.00
纳米比亚	2000	41.20		21.71
荷　兰	2012	230.22	-59.42	13.75
新西兰	2012	158.50	57.72	35.73
尼加拉瓜	2000	90.62		18.03
尼日尔	2000	24.00		2.14
尼日利亚	2000	1008.00		8.20
纽埃岛	1994	26.30		11938.49
挪　威	2012	166.23	-13.27	33.12
阿　曼	1994	0.22		0.10
巴基斯坦	1994	410.26		3.43
巴拿马	2002	39.42		12.54
巴拉圭	2000	87.70	-20.33	16.54
秘　鲁	1994	181.66		7.69
菲律宾	1994	345.23		5.06
波　兰	2012	817.30	-36.15	21.17
葡萄牙	2012	172.14	-30.44	16.37
卡塔尔	2007	175.69		149.02
摩尔多瓦	2010	37.06	-72.99	9.07
罗马尼亚	2012	207.04	-54.69	10.38
俄罗斯联邦	2012	5603.13	-40.94	39.10

附录4-3　续表 3

国家或地区	最近年份	氮氧化物排放量（千吨）	比1990年增减（%）	人均氮氧化物排放量（千克）
卢旺达	2005	14.20		1.58
圣卢西亚	2000	2.00		12.74
圣文森特和格林纳丁斯	1997	27.88	-3.21	258.10
萨摩亚	1994	0.97		5.75
圣马力诺	2007	1.54		51.62
圣多美和普林西比	2005	0.77		5.03
塞内加尔	2000	8.46		0.86
塞尔维亚	1998	164.00	-20.88	16.96
塞舌尔	2000	1.15		14.17
斯洛伐克	2012	81.31	-64.10	15.01
斯洛文尼亚	2012	44.84	-26.09	21.74
西班牙	2012	929.61	-31.09	19.93
斯里兰卡	2000	83.69		4.46
苏　丹	2000	112.00		3.99
苏里南	2003	10.00		20.51
斯威士兰	1994	19.93		21.11
瑞　典	2012	131.81	-51.19	13.81
瑞　士	2012	73.71	-49.14	9.19
塔吉克斯坦	2010	6.00	-91.89	0.79
泰　国	2000	907.10		14.47
马其顿	2009	34.11	-17.99	16.56
东帝汶	2010	1.82		1.72
多　哥	2000	42.72		8.76
汤　加	2000	0.59		6.07
特立尼达和多巴哥	1990	36.86		30.16
突尼斯	2000	94.87		9.78
土耳其	2012	1283.74	99.43	17.15
土库曼斯坦	2004	90.24		19.21
图瓦卢	1994			
乌干达	2000	103.77		4.37
乌克兰	2012	1205.57	-48.22	26.60
阿拉伯联合酋长国	2005	332.00		74.07
英　国	2012	1067.63	-63.10	16.79
坦桑尼亚	1994	979.07	524.88	33.73
美　国	2012	11882.02	-45.45	37.74
乌拉圭	2004	38.76	29.23	11.66
乌兹别克斯坦	2005	257.52	-37.48	9.93
瓦努阿图	1994	0.08		0.51
委内瑞拉	1999	395.79		16.48
越　南	2000	312.63		3.89
也　门	2000	115.00		6.46
赞比亚	2000	1276.67		120.61
津巴布韦	2000	148.83		11.91

附录4-4 二氧化硫排放

国家或地区	最近年份	二氧化硫排放量（千吨）	比1990年增减（%）	人均二氧化硫排放量（千克）
阿富汗	2005	13.86		0.57
阿尔及利亚	2000	45.64		1.46
安道尔	1997	0.69		10.77
安提瓜和巴布达	2000	2.75	−2.83	35.42
阿根廷	2000	87.62	10.6	2.36
亚美尼亚	2010	29.44	7448.7	9.93
澳大利亚	2012	797.76	−48.7	34.82
奥地利	2012	17.23	−76.8	2.04
阿塞拜疆	1994	48.00	−18.6	6.25
巴　林	2000	27.00		40.49
巴巴多斯	1997	0.05		0.19
白俄罗斯	2012	146.86	−86.4	15.47
比利时	2012	48.75	−86.4	4.40
伯利兹	1994	0.53		2.63
贝　宁	2000	13.88		2.00
不　丹	2000	1.06		1.88
玻利维亚	2000	12.10	8.4	1.45
波　黑	2001	213.74	−52.8	56.25
保加利亚	2012	1335.49	−15.6	182.85
智　利	2010	271.40		15.95
哥伦比亚	2004	142.81	0.7	3.34
哥斯达黎加	2005	4.85		1.14
科特迪瓦	2000	4079.55		246.98
克罗地亚	2012	25.58	−85.3	5.97
古　巴	1996	432.38	−0.1	39.47
塞浦路斯	2012	16.10	−45.9	14.26
捷　克	2012	157.91	−91.6	14.97
朝　鲜	2002	1384.00	−55.7	59.53
刚果民主共和国	2000	0.02		0.00
丹　麦	2012	13.43	−92.5	2.40
多米尼加	2005	0.22		3.12
多米尼加共和国	2000	110.15	42.9	12.86
厄瓜多尔	2006	8.87	37.7	0.64
爱沙尼亚	2012	69.96	−62.0	52.84
埃塞俄比亚	1995	13.20	18.9	0.23

资料来源：联合国气候变化框架公约秘书处。
联合国统计司/联合国环境规划署2004年环境统计问卷，大气部分。
联合国经济社会事务部人口司，世界人口展望：2015修订版，纽约，2015。

附录4-4 续表 1

国家或地区	最近年份	二氧化硫排放量（千吨）	比1990年增减（%）	人均二氧化硫排放量（千克）
斐　济	1994	0.03		0.04
芬　兰	2012	52.06	-79.1	9.60
法　国	2012	274.29	-79.7	4.32
加　蓬	2000	7.67		6.23
冈比亚	2000	3031.94		2467.27
格鲁吉亚	2006	0.50	-99.8	0.11
德　国	2012	427.07	-91.9	5.31
加　纳	2000	0.50		0.03
希　腊	2012	244.90	-48.6	22.04
危地马拉	1990	74.50		8.13
几内亚	1994	0.44		0.06
圭亚那	2004	6.90	-8.0	9.30
海　地	2000	13.58		1.59
洪都拉斯	2000	0.38		0.06
匈牙利	2012	31.80	-96.2	3.19
冰　岛	2012	83.88	295.1	259.36
伊　朗	2000	139.46		2.12
爱尔兰	2012	23.12	-87.3	4.95
以色列	2010	164.46		22.16
意大利	2012	181.73	-89.9	3.04
牙买加	1994	99.70		40.42
日　本	2012	936.84	-25.3	7.37
约　旦	2006	138.00		24.95
哈萨克斯坦	2012	649.61	-37.9	38.62
科威特	1994	319.00		188.55
吉尔吉斯斯坦	2005	26.90	-72.7	5.26
老　挝	2000	1.59		0.30
拉脱维亚	2012	2.39	-97.7	1.17
黎巴嫩	2000	93.42		28.87
莱索托	1998			
立陶宛	2012	36.48	-82.8	12.09
卢森堡	2005	0.21	31.3	0.46
马达加斯加	2000	39.82		2.53
马　里	1995			
马耳他	2012	8.25	-47.7	19.85
毛利塔尼亚	2000	0.09		0.03
毛里求斯	2006	11.44		9.32
墨西哥	2002	2612.91	-3.1	24.75
密克罗尼西亚	1994	0.53		5.00
摩纳哥	2012	0.04	-42.9	1.07
黑　山	2003	45.43	6.3	73.95
摩洛哥	2000	484.09		16.39
纳米比亚	2000	10.90		5.74
荷　兰	2012	33.91	-82.9	2.02
新西兰	2012	78.16	33.8	17.62
尼加拉瓜	2000	0.19		0.04

附录4-4　续表 2

国家或地区	最近年份	二氧化硫排放量（千吨）	比1990年增减（%）	人均二氧化硫排放量（千克）
尼日尔	2000	2140		190.65
尼日利亚	2000	190		1.55
纽　埃	1994	2211.18		1003713.12
挪　威	2012	16.66	-68.1	3.32
阿　曼	1994	3.38		1.58
巴基斯坦	1994	775.46		6.49
巴拿马	2000	0.13		0.04
巴拉圭	2000	0.16	-46.7	0.03
秘　鲁	1994	123.26		5.22
菲律宾	1994	458.53		6.72
波　兰	2012	853.30	-73.4	22.10
葡萄牙	2012	59.22	-81.7	5.63
卡塔尔	2007	143.92		122.07
摩尔多瓦	2010	18.78	-93.6	4.60
罗马尼亚	2012	293.03	-66.3	14.69
俄罗斯联邦	2012	681.95	-16.0	4.76
卢旺达	2005	18.00		2.00
圣卢西亚	2000	0.10		1.86
圣文森特和格林纳丁斯	1997	0.32	28.0	2.96
塞内加尔	2000	41.96		4.26
塞尔维亚	1998	388.00	-21.0	40.13
斯洛伐克	2012	58.52	-88.8	10.81
斯洛文尼亚	2012	10.12	-94.9	4.91
西班牙	2012	407.94	-81.2	8.75
斯里兰卡	2000	105.87		5.64
苏　丹	2000	1.00		0.04
斯威士兰	1994	1.97		2.09
瑞　典	2012	27.79	-73.6	2.91
瑞　士	2012	10.67	-73.7	1.33
塔吉克斯坦	2010	9.00	-73.5	1.19
泰　国	2000	618.90		9.87
马其顿	2009	205.83	6807.0	99.97
东帝汶	2010	0.40		0.38
多　哥	2000	8.35		1.71
汤　加	2000	0.10		1.02
特立尼达和多巴哥	1996	8.60	-1.7	7.04
突尼斯	2000	111.29		11.47
土耳其	2012	248.83	-70.2	3.32
土库曼斯坦	2004	2.43		0.52
乌干达	2000	4.10		0.17
乌克兰	2012	1687.55	-68.2	37.24
阿拉伯联合酋长国	2005	10354.00		2310.14
英　国	2012	429.44	-88.5	6.75
坦桑尼亚	1994	175.74	8.4	6.05
美　国	2012	4739.47	-77.4	15.06
乌拉圭	2004	51.50	25.1	15.49
乌兹别克斯坦	2005	170.85	-74.9	6.59
越　南	2000	9.86		0.12
也　门	2000	12.00		0.67
赞比亚	2000	6.16		0.58
津巴布韦	2000	1.04		0.08

附录4-5 二氧化碳排放(2011年)

国家或地区	二氧化碳排放量(百万吨)	比1990年增减(%)	人均二氧化碳排放量(吨/人)	每平方公里二氧化碳排放量(吨/平方公里)
阿富汗	12.25	357.7	0.43	18.77
阿尔巴尼亚	4.67	-37.7	1.62	162.38
阿尔及利亚	121.76	54.3	3.32	51.12
安道尔	0.49		5.97	1050.00
安哥拉	29.71	570.7	1.35	23.83
安圭拉	0.14		10.25	1571.43
安提瓜和巴布达	0.51	70.7	5.82	1161.54
阿根廷	190.03	68.7	4.56	68.35
亚美尼亚	4.96		1.67	166.81
阿鲁巴	2.44	32.5	23.92	13547.78
澳大利亚	398.16	44.2	17.66	51.76
奥地利	70.35	13.4	8.35	838.83
阿塞拜疆	33.46		3.63	386.35
巴哈马	1.91	-2.3	5.20	136.76
巴　林	23.44	85.1	17.95	30943.23
孟加拉国	57.07	267.4	0.37	386.73
巴巴多斯	1.57	45.7	5.58	3641.40
白俄罗斯	55.38	-46.7	5.84	266.77
比利时	104.27	-12.4	9.47	3415.58
伯利兹	0.55	76.5	1.67	23.95
贝　宁	4.99	597.4	0.51	43.46
百慕大	0.39	-34.3	6.17	7403.77
不　丹	0.56	337.3	0.77	14.61
玻利维亚	16.12	191.7	1.60	14.67
波　黑	23.75		6.20	463.74
博茨瓦纳	4.86	122.9	2.32	8.34
巴　西	439.41	110.4	2.19	51.61
英属维尔京群岛	0.18	166.7	6.31	1165.56
文　莱	9.74	56.8	24.39	1690.06
保加利亚	53.20	-33.7	7.23	479.78
布基纳法索	1.93	229.4	0.12	7.08

资料来源:联合国统计司千年发展目标数据库。
联合国经济社会事务部人口司,世界人口展望:2015年修订版,纽约,2015。
联合国统计司,人口统计年鉴2011。

附录4-5 续表 1

国家或地区	二氧化碳排放量（百万吨）	比1990年增减（%）	人均二氧化碳排放量（吨/人）	每平方公里二氧化碳排放量（吨/平方公里）
布隆迪	0.21	-28.8	0.02	7.51
佛得角	0.43	383.4	0.86	105.48
柬埔寨	4.50	896.8	0.31	24.83
喀麦隆	5.66	225.7	0.27	11.90
加拿大	557.29	21.4	16.15	55.81
开曼群岛	0.58	130.5	10.31	2208.71
中非共和国	0.29	44.4	0.06	0.46
乍　得	0.54	267.4	0.04	0.42
智　利	79.41	138.4	4.62	105.02
中　国	9 019.52	266.5	6.69	939.83
中国香港	40.27	45.6	5.72	36480.71
中国澳门	1.17	12.8	2.13	38870.00
哥伦比亚	72.42	26.3	1.56	63.43
科摩罗	0.16	104.8	0.22	70.56
刚　果	2.25	89.2	0.54	6.57
库克群岛	0.07	216.8	3.42	295.34
哥斯达黎加	7.84	165.4	1.70	153.50
科特迪瓦	6.45	11.2	0.31	19.99
克罗地亚	20.92	-10.4	4.86	369.62
古　巴	35.92	7.2	3.17	326.91
塞浦路斯	7.57	63.5	6.78	817.88
捷　克	115.07	-30.1	10.92	1459.06
朝　鲜	73.58	-69.9	2.99	610.42
刚果民主共和国	3.43	-15.9	0.05	1.46
丹　麦	45.48	-16.1	8.15	1055.26
吉布提	0.47	25.2	0.56	20.39
多米尼加	0.12	112.4	1.75	166.05
多米尼加共和国	21.89	137.1	2.18	449.72
厄瓜多尔	35.73	112.2	2.35	139.36
埃　及	220.79	190.7	2.64	220.35
萨尔瓦多	6.68	155.3	1.10	317.71
赤道几内亚	6.69	5427.8	8.91	238.44
厄立特里亚	0.52		0.11	4.43
爱沙尼亚	18.43	-49.8	13.88	407.44
埃塞俄比亚	7.54	149.9	0.08	6.83
法罗群岛	0.57	-8.8	11.72	408.04
福克兰群岛(马尔维纳斯群岛)	0.06	49.9	19.26	4.52
斐　济	1.24	51.1	1.42	67.63

附录4-5 续表 2

国家或地区	二氧化碳排放量（百万吨）	比1990年增减（%）	人均二氧化碳排放量（吨/人）	每平方公里二氧化碳排放量（吨/平方公里）
芬　兰	56.40	−0.4	10.45	167.44
法　国	364.82	−8.5	5.77	661.50
法属圭亚那	0.72	−11.7	2.99	8.60
法属波利尼西亚	0.86	36.1	3.17	214.53
加　蓬	2.24	−53.8	1.42	8.36
冈比亚	0.42	121.1	0.24	37.34
格鲁吉亚	7.93		1.89	113.80
德　国	810.44	−22.2	10.08	2269.37
加　纳	10.08	156.4	0.40	42.26
直布罗陀	0.45	377.1	14.64	75783.33
希　腊	94.25	13.6	8.45	714.25
格陵兰	0.71	27.0	12.54	0.33
格林纳达	0.25	130.0	2.41	735.47
瓜德鲁普	1.77	37.1	3.87	1040.94
危地马拉	11.26	121.3	0.75	103.39
几内亚	2.60	145.8	0.23	10.56
几内亚比绍	0.25	−2.9	0.15	6.80
圭亚那	1.78	56.3	2.36	8.29
海　地	2.21	122.5	0.22	79.68
洪都拉斯	8.41	224.5	1.10	74.78
匈牙利	49.86	−31.2	4.99	535.96
冰　岛	3.33	54.3	10.38	32.36
印　度	2 074.34	200.4	1.66	631.02
印度尼西亚	563.98	277.1	2.30	295.14
伊　朗	586.60	177.8	7.80	360.15
伊拉克	133.65	154.3	4.19	307.08
爱尔兰	37.72	16.3	8.11	540.15
以色列	69.52	90.3	9.19	3149.81
意大利	413.38	−4.9	6.93	1371.82
牙买加	7.76	−2.6	2.82	705.67
日　本	1 240.63	8.7	9.75	3282.70
约　旦	22.26	114.0	3.29	249.18
哈萨克斯坦	261.76		15.81	96.06
肯尼亚	13.57	133.0	0.33	23.34
基里巴斯	0.06	183.2	0.60	85.77
科威特	91.03	88.4	28.10	5108.86
吉尔吉斯斯坦	6.62		1.19	33.08

附录4-5 续表 3

国家或地区	二氧化碳排放量（百万吨）	比1990年增减（%）	人均二氧化碳排放量（吨/人）	每平方公里二氧化碳排放量（吨/平方公里）
老 挝	1.20	412.5	0.19	5.08
拉脱维亚	7.75	-59.3	3.76	120.06
黎巴嫩	20.49	125.1	4.46	1960.15
莱索托	2.20		1.08	72.48
利比里亚	0.89	84.1	0.22	8.00
利比亚	39.02	6.1	6.20	22.18
列支敦士登	0.18	-10.4	4.93	1125.00
立陶宛	14.03	-60.8	4.57	214.85
卢森堡	11.14	-6.8	21.42	4307.15
马达加斯加	2.45	148.3	0.11	4.17
马拉维	1.21	97.0	0.08	10.18
马来西亚	225.69	298.8	7.90	682.26
马尔代夫	1.10	616.8	3.26	3679.33
马 里	1.25	196.5	0.08	1.01
马耳他	2.67	42.9	6.44	8442.72
马绍尔群岛	0.10	115.3	1.95	567.40
马提尼克	2.45	18.4	6.21	2171.63
毛里塔尼亚	2.31	-13.3	0.63	2.24
毛里求斯	3.92	167.7	3.13	1989.03
墨西哥	466.55	48.4	3.88	237.50
密克罗尼西亚	0.13		1.24	182.76
慕尼黑	0.08	-24.9	2.13	39600.00
蒙 古	19.08	90.0	6.92	12.20
黑 山	2.57		4.13	186.11
蒙特塞拉特	0.08	100.2	16.16	791.18
摩洛哥	56.54	140.2	1.74	126.61
莫桑比克	3.28	227.8	0.13	4.09
缅 甸	10.44	144.2	0.20	15.43
纳米比亚	2.78	10701.2	1.24	3.37
瑙 鲁	0.05	-67.5	5.11	2442.86
尼泊尔	4.33	583.2	0.16	29.45
荷 兰	168.06	5.5	10.07	4499.07
新喀里多尼亚	3.85	137.2	15.43	207.48
新西兰	33.26	33.5	7.55	122.97
尼加拉瓜	4.90	92.2	0.84	37.58
尼日尔	1.42	70.9	0.08	1.12
尼日利亚	88.03	94.0	0.54	95.29

附录4-5　续表 4

国家或地区	二氧化碳排放量（百万吨）	比1990年增减（%）	人均二氧化碳排放量（吨/人）	每平方公里二氧化碳排放量（吨/平方公里）
纽　埃	0.01	197.3	6.81	42.31
挪　威	44.60	27.8	9.00	137.73
阿　曼	64.85	469.6	20.20	209.55
巴基斯坦	163.45	138.4	0.94	205.32
帕　劳	0.22		10.86	487.36
巴拿马	9.67	249.1	2.63	128.17
巴布亚新几内亚	5.23	144.2	0.75	11.30
巴拉圭	5.30	134.2	0.84	13.03
秘　鲁	53.07	150.7	1.78	41.29
菲律宾	82.01	96.4	0.87	273.38
波　兰	327.72	-12.6	8.49	1050.77
葡萄牙	51.24	13.6	4.85	555.71
卡塔尔	83.88	612.3	44.02	7226.27
韩　国	589.43	138.7	11.94	5892.32
摩尔多瓦	4.98		1.22	147.13
留尼汪	4.51	210.6	5.39	1794.83
罗马尼亚	85.60	-51.9	4.26	359.09
俄罗斯联邦	1 650.27	-34.2	11.52	96.52
卢旺达	0.66	22.3	0.06	25.20
圣赫勒拿	0.01	50.7	2.66	90.16
圣基茨和尼维斯	0.27	305.6	5.05	1025.67
圣卢西亚	0.41	146.7	2.27	755.10
圣皮埃尔岛和密克隆	0.07	-24.0	11.11	288.02
圣文森特和格林纳丁斯	0.24	195.4	2.18	612.85
萨摩亚	0.23	88.2	1.25	82.59
圣多美和普林西比	0.10	115.3	0.59	106.54
沙特阿拉伯	520.28	138.7	18.07	242.02
塞内加尔	7.86	146.9	0.59	39.95
塞尔维亚	49.19		5.45	556.64
塞舌尔	0.60	425.7	6.37	1323.32
塞拉利昂	0.90	131.1	0.15	12.43
新加坡	22.39	-52.3	4.31	31351.53
斯洛伐克	37.23	-39.8	6.88	759.30
斯洛文尼亚	16.18	9.4	7.86	798.00
所罗门群岛	0.20	22.8	0.37	6.85
索马里	0.58	3045.9	0.06	0.90

附录4-5　续表5

国家或地区	二氧化碳排放量（百万吨）	比1990年增减（%）	人均二氧化碳排放量（吨/人）	每平方公里二氧化碳排放量（吨/平方公里）
南　非	477.24	49.2	9.14	390.85
西班牙	280.92	23.5	6.01	555.19
斯里兰卡	15.23	293.7	0.75	232.17
巴勒斯坦	2.25		0.54	373.41
苏里南	1.91	5.5	3.65	11.66
斯威士兰	1.05	146.5	0.87	60.40
瑞　典	48.48	−15.2	5.12	107.67
瑞　士	41.85	−6.3	5.28	1013.63
叙利亚	57.67	54.0	2.81	311.43
塔吉克斯坦	2.78		0.36	19.45
泰　国	303.37	216.6	4.53	591.23
马其顿	9.34		4.52	363.09
东帝汶	0.18		0.17	12.29
多　哥	2.10	171.1	0.32	36.94
汤　加	0.10	33.4	0.98	137.48
特立尼达和多巴哥	49.57	192.3	37.14	9663.59
突尼斯	25.64	93.3	2.38	156.73
土耳其	345.73	144.2	4.70	441.23
土库曼斯坦	62.22		12.18	127.47
特克斯和凯科斯群岛	0.19		6.01	201.11
乌干达	3.80	373.0	0.11	15.73
乌克兰	306.53	−57.6	6.74	507.93
阿拉伯联合酋长国	178.48	243.2	20.43	2134.98
英　国	464.04	−21.5	7.35	1913.59
坦桑尼亚	7.30	207.7	0.15	7.73
美　国	5 583.38	9.5	17.87	579.84
乌拉圭	7.77	94.7	2.30	44.12
乌兹别克斯坦	114.86		4.08	256.73
瓦努阿图	0.14	105.2	0.59	11.73
委内瑞拉	188.82	54.6	6.42	207.03
越　南	173.21	709.1	1.94	523.36
瓦利斯和富图纳群岛	0.03		1.91	180.99
也　门	22.30	−843.3	0.92	42.23
赞比亚	3.05	24.6	0.21	4.05
津巴布韦	9.86	−36.4	0.69	25.23

附录4-6　温室气体排放

国家或地区	最近年份	温室气体排放总量（百万吨二氧化碳当量）	比1990年增减（%）	人均温室气体排放量（吨二氧化碳当量/人）
阿富汗	2005	19.33		0.79
阿尔巴尼亚	1994	5.53	-22.43	1.76
阿尔及利亚	2000	111.02		3.56
安哥拉	2005	61.61		3.44
安提瓜和巴布达	2000	0.60	53.81	7.70
阿根廷	2000	282.00	22.05	7.61
亚美尼亚	2010	7.20	-71.14	2.43
澳大利亚	2012	543.65	31.01	23.73
奥地利	2012	80.06	2.53	9.47
阿塞拜疆	1994	43.17	-28.97	5.62
巴哈马	1994	2.20	14.72	7.96
巴　林	2000	22.37		33.55
孟加拉国	2005	99.44		0.70
巴巴多斯	1997	2.20	-32.90	8.24
白俄罗斯	2012	89.28	-35.84	9.41
比利时	2012	116.52	-18.49	10.52
伯利兹	1994	6.34		31.41
贝　宁	2000	6.25		0.90
不　丹	2000	1.56		2.76
玻利维亚	2004	43.67	184.95	4.87
波　黑	2001	16.12	-52.65	4.24
博茨瓦纳	1994	9.29		6.04
巴　西	2005	862.81	49.67	4.58
保加利亚	2012	61.26	-44.22	8.39
布基纳法索	1994	5.97		0.61
布隆迪	2005	26.47		3.34
佛得角	2000	0.45		1.02
柬埔寨	1994	12.76		1.23
喀麦隆	1994	165.73		12.23
加拿大	2012	698.63	18.23	20.25
中非共和国	1994	37.74		11.60
乍　得	1993	8.02		1.22

资料来源：联合国气候变化框架公约秘书处。
　　联合国经济社会事务部人口司，世界人口展望：2015年修订版。

附录4-6　续表 1

国家或地区	最近年份	温室气体排放总量（百万吨二氧化碳当量）	比1990年增减（%）	人均温室气体排放量（吨二氧化碳当量/人）
智　利	2006	78.96		4.85
中　国	2005	7465.86		5.72
哥伦比亚	2004	153.88	29.61	3.60
科摩罗	1994	0.51		1.10
刚　果	2000	2.07		0.66
库克群岛	1994	0.08		4.40
哥斯达黎加	2005	12.11	98.87	2.85
科特迪瓦	2000	271.20		16.42
克罗地亚	2012	26.45	−17.29	6.17
古　巴	1996	26.51	−58.28	2.42
塞浦路斯	2012	9.26	52.09	8.20
捷　克	2012	131.47	−32.98	12.47
朝　鲜	2002	87.33	−57.92	3.76
刚果民主共和国	2003	46.00		0.87
丹　麦	2012	53.12	−24.14	9.48
吉布提	2000	1.07		1.48
多米尼加	2005	0.18		2.58
多米尼加共和国	2000	26.43	109.11	3.09
厄瓜多尔	2006	247.99	38.82	17.75
埃　及	2000	193.24	65.53	2.83
萨尔瓦多	2005	11.07		1.86
厄立特里亚	2000	3.93		1.11
爱沙尼亚	2012	19.19	−52.77	14.49
埃塞俄比亚	1995	47.75	10.99	0.86
斐　济	2004	2.71		3.31
芬　兰	2012	60.97	−13.31	11.24
法　国	2012	496.40	−11.42	7.81
加　蓬	2000	6.16		5.00
冈比亚	2000	19.38		15.77
格鲁吉亚	2006	12.22	−73.05	2.76
德　国	2012	939.08	−24.76	11.67
加　纳	2006	18.23	97.52	0.97
希　腊	2012	110.99	5.77	9.99
格林纳达	1994	1.61		16.16
危地马拉	1990	14.74		1.61
几内亚	1994	5.06		0.67
几内亚比绍	1994	1.69		1.47
圭亚那	2004	3.07	13.17	4.14

附录4-6 续表 2

国家或地区	最近年份	温室气体排放总量（百万吨二氧化碳当量）	比1990年增减（%）	人均温室气体排放量（吨二氧化碳当量/人）
海　地	2000	6.68		0.78
洪都拉斯	2000	10.30		1.65
匈牙利	2012	61.98	−36.50	6.22
冰　岛	2012	4.47	26.28	13.81
印　度	2000	1523.77		1.45
印度尼西亚	2000	554.33	107.76	2.62
伊　朗	2000	483.67		7.35
爱尔兰	2012	58.53	5.95	12.54
以色列	2010	75.42		10.16
意大利	2012	461.19	−11.15	7.72
牙买加	1994	116.31		47.15
日　本	2012	1343.14	8.81	10.56
约　旦	2006	27.75		5.02
哈萨克斯坦	2012	283.55	−20.71	16.86
肯尼亚	1994	21.47		0.81
基里巴斯	1994	0.03		0.36
科威特	1994	32.37		19.13
吉尔吉斯斯坦	2005	12.02	−60.29	2.35
老　挝	2000	8.90	29.59	1.67
拉脱维亚	2012	10.98	−58.11	5.39
黎巴嫩	2000	18.45		5.70
莱索托	2000	3.51		1.93
利比里亚	2000	8.02		2.77
列支敦士登	2012	0.23	−1.47	6.17
立陶宛	2012	21.62	−55.62	7.17
卢森堡	2012	11.84	−8.25	22.77
马达加斯加	2000	29.34		1.86
马拉维	1994	7.07	−12.11	0.73
马来西亚	2000	193.40		8.26
马尔代夫	1994	0.15		0.62
马　里	2000	12.30		1.11
马耳他	2012	3.14	57.65	7.56
毛里塔尼亚	2000	6.94		2.56
毛里求斯	2006	4.76		3.88
墨西哥	2006	641.45	50.83	5.84
密克罗尼西亚	1994	0.25		2.32

附录4-6　续表 3

国家或地区	最近年份	温室气体排放总量（百万吨二氧化碳当量）	比1990年增减（%）	人均温室气体排放量（吨二氧化碳当量/人）
摩纳哥	2012	0.09	-14.69	2.50
蒙　古	2006	17.71	-8.32	7.52
黑　山	2003	5.31	4.87	8.65
摩洛哥	2000	59.70		2.02
莫桑比克	1994	8.22	21.24	0.54
缅　甸	2005	38.37		0.77
纳米比亚	2000	9.09		4.79
瑙　鲁	1994	0.04		3.64
尼泊尔	1994	31.19		1.50
荷　兰	2012	191.67	-9.53	11.44
新西兰	2012	76.05	25.41	17.14
尼加拉瓜	2000	11.98		2.38
尼日尔	2000	13.63	180.83	1.21
尼日利亚	2000	212.44		1.73
纽　埃	1994	4.42		2007.33
挪　威	2012	52.76	4.53	10.51
阿　曼	1994	20.88		9.76
巴基斯坦	1994	160.59		1.34
帕　劳	2000	0.09		5.50
巴拿马	2000	9.71		3.09
巴布亚新几内亚	1994	5.01		1.09
巴拉圭	2000	23.43	-58.31	4.42
秘　鲁	2010	80.59		2.74
菲律宾	2000	126.88		1.63
波　兰	2012	399.27	-14.39	10.34
葡萄牙	2012	68.85	13.13	6.55
卡塔尔	2007	61.59		52.24
韩　国	2012	688.43	133.70	13.95
摩尔多瓦	2010	13.28	-69.31	3.25
罗马尼亚	2012	118.79	-52.04	5.96
俄罗斯联邦	2012	2297.15	-31.79	16.03
卢旺达	2005	6.18		0.69
圣基茨和尼维斯	1994	0.16		3.06
圣卢西亚	2000	0.55		3.51
圣文森特和格林纳丁斯	1997	0.11	-72.76	0.99
萨摩亚	1994	0.56		3.32
圣马力诺	2007	0.24		7.95
圣多美和普林西比	2005	0.10		0.65
沙特阿拉伯	2000	296.06	79.14	13.84
塞内加尔	2000	16.88		1.71
塞尔维亚	1998	50.60	-37.37	5.23
塞舌尔	2000	0.33		4.07
新加坡	2010	46.87		9.03
斯洛伐克	2012	43.12	-41.42	7.96

附录4-6　续表 4

国家或地区	最近年份	温室气体排放总量（百万吨二氧化碳当量）	比1990年增减（%）	人均温室气体排放量（吨二氧化碳当量/人）
斯洛文尼亚	2012	18.91	2.53	9.17
所罗门群岛	1994	0.29		0.84
南　非	1994	379.84	9.35	9.37
西班牙	2012	340.81	20.11	7.31
斯里兰卡	2000	18.80		1.00
苏　丹	2000	67.84		2.42
苏里南	2003	3.33		6.83
斯威士兰	1994	7.54		7.98
瑞　典	2012	57.61	−20.79	6.04
瑞　士	2012	51.49	−2.84	6.42
塔吉克斯坦	2010	8.18	−66.16	1.08
泰　国	2000	236.95		3.78
马其顿	2009	11.49	−13.32	5.58
东帝汶	2010	1.28		1.21
多　哥	2000	4.92		1.01
汤　加	2000	0.25		2.50
特立尼达和多巴哥	1990	16.01		13.10
突尼斯	2000	34.24		3.53
土耳其	2012	439.87	133.44	5.88
土库曼斯坦	2004	75.41		16.06
图瓦卢	1994	0.01		0.61
乌干达	2000	27.56		1.16
乌克兰	2012	402.67	−57.36	8.88
阿拉伯联合酋长国	2005	195.31		43.58
英　国	2012	586.36	−25.15	9.22
坦桑尼亚	1994	39.24	0.64	1.35
美　国	2012	6487.85	4.31	20.61
乌拉圭	2004	36.28	13.00	10.91
乌兹别克斯坦	2005	199.84	9.26	7.71
瓦努阿图	1994	0.30		1.82
委内瑞拉	1999	114.13		4.75
越　南	2010	266.05		3.31
也　门	2000	25.74		1.45
赞比亚	2000	14.40		1.36
津巴布韦	2000	68.54		5.48

附录4-7 消耗臭氧层物质消费量

国家或地区	氟氯化碳消费量			全部消耗臭氧层物质消费量		
	基线水平（吨）	2013年消费量（吨）	比基线水平减少(%)	2002年消费量（吨）	2013年消费量（吨）	比2002年减少(%)
阿富汗	380.0		100.0	181.5	17.7	90.2
阿尔巴尼亚	40.8		100.0	50.5	5.7	88.7
阿尔及利亚	2119.5		100.0	1966.1	52.0	97.4
安道尔	67.5		100.0			
安哥拉	114.8		100.0	110.0	15.4	86.0
安提瓜和巴布达	10.7		100.0	4.0	0.2	95.0
阿根廷	4697.2		100.0	2386.0	497.7	79.1
亚美尼亚	196.5		100.0	174.4	4.5	97.4
澳大利亚	14290.4	−7.5	100.1	389.7	48.3	87.6
阿塞拜疆	480.6		100.0	12.1	1.8	85.1
巴哈马	64.9		100.0	58.4	2.7	95.4
巴　林	135.4		100.0	138.1	49.6	64.1
孟加拉国	581.6		100.0	350.1	64.9	81.5
巴巴多斯	21.5		100.0	12.1	2.3	81.0
白俄罗斯	2510.9		100.0	2.7	7.0	−159.3
伯利兹	24.4		100.0	21.7	2.4	88.9
贝　宁	59.9		100.0	36.0	22.2	38.3
不　丹	0.2		100.0	0.1	0.3	−200.0
玻利维亚	75.7		100.0	67.4	0.4	99.4
波　黑	24.2		100.0	259.2	5.1	98.0
博茨瓦纳	6.9		100.0	10.2	10.8	−5.9
巴　西	10525.8		100.0	3589.4	1189.3	66.9
文　莱	78.2		100.0	46.3	4.3	90.7
布基纳法索	36.3		100.0	27.9	14.9	46.6
布隆迪	59.0		100.0	19.2	7.1	63.0
柬埔寨	94.2		100.0	97.0	9.5	90.2
喀麦隆	256.9		100.0	261.7	82.3	68.6
加拿大	19958.2		100.0	923.1	65.9	92.9

资料来源：联合国统计司千年发展目标数据库。

附录4-7 续表 1

国家或地区	氟氯化碳消费量			全部消耗臭氧层物质消费量		
	基线水平（吨）	2013年消费量(吨)	比基线水平减少(%)	2002年消费量（吨）	2013年消费量（吨）	比2002年减少(%)
佛得角	2.3		100.0	1.8	0.2	88.9
中非共和国	11.2			4.6		100.0
乍 得	34.6		100.0	27.3	15.2	44.3
智 利	828.7		100.0	591.9	241.9	59.1
中 国	57818.7	−386.6	100.7	47804.1	15690.6	67.2
哥伦比亚	2208.2		100.0	1002.2	176.7	82.4
科摩罗	2.5		100.0	1.9	0.1	94.7
刚 果	11.9		100.0	11.2	9.4	16.1
库克群岛	1.7		100.0			
哥斯达黎加	250.2		100.0	425.4	12.6	97.0
科特迪瓦	294.2		100.0	121.2	54.2	55.3
克罗地亚	219.3			172.3		100.0
古 巴	625.1		100.0	518.0	12.2	97.6
朝 鲜	441.7		100.0	2326.3	90.6	96.1
刚果民主共和国	665.7		100.0	1081.3	35.9	96.7
吉布提	21.0		100.0	15.8	0.6	96.2
多米尼加	1.5		100.0	3.1	0.1	96.8
多米尼加共和国	539.8		100.0	406.9	34.8	91.4
厄瓜多尔	301.4		100.0	273.4	22.0	92.0
埃 及	1668.0		100.0	1944.1	352.2	81.9
萨尔瓦多	306.5		100.0	108.1	8.1	92.5
赤道几内亚	31.5		100.0	27.9	5.1	81.7
厄立特里亚	41.1		100.0	32.2	1.0	96.9
爱沙尼亚	33.8		100.0	86.6	5.5	93.6
欧 盟	301930.2	−1042.9	100.3	−6754.6	−3249.4	51.9
斐 济	33.4		100.0	5.3	7.7	−45.3
加 蓬	10.3		100.0	6.9	28.6	−314.5
冈比亚	23.8		100.0	4.9	0.9	81.6
格鲁吉亚	22.5		100.0	64.3	1.4	97.8
加 纳	35.8		100.0	24.0	25.4	−5.8
格林纳达	6.0		100.0	2.3	0.3	87.0
危地马拉	224.6		100.0	952.5	251.3	73.6
几内亚	42.4		100.0	31.4	7.1	77.4
几内亚比绍	26.3		100.0	27.2	2.3	91.5
圭亚那	53.2		100.0	15.6	1.0	93.6

附录4-7　续表 2

国家或地区	氟氯化碳消费量			全部消耗臭氧层物质消费量		
	基线水平（吨）	2013年消费量（吨）	比基线水平减少(%)	2002年消费量（吨）	2013年消费量（吨）	比2002年减少(%)
海　地	169.0		100.0	197.7	2.0	99.0
洪都拉斯	331.6		100.0	555.7	18.9	96.6
冰　岛	195.1		100.0	2.6		100.0
印　度	6681.0	−19.8	100.3	15026.9	956.1	93.6
印度尼西亚	8332.7		100.0	5787.4	310.5	94.6
伊　朗	4571.7		100.0	8572.9	357.8	95.8
伊拉克	1517.0		100.0	1580.6	101.8	93.6
以色列	4141.6		100.0	1241.3	94.5	92.4
牙买加	93.2		100.0	39.2	3.6	90.8
日　本	118134.0	−181.3	100.2	2466.8	39.6	98.4
约　旦	673.3		100.0	267.0	63.0	76.4
哈萨克斯坦	1206.2		100.0	146.9	104.6	28.8
肯尼亚	239.5		100.0	322.0	29.1	91.0
基里巴斯	0.7		100.0			
科威特	480.4		100.0	515.7	414.7	19.6
吉尔吉斯斯坦	72.8		100.0	50.2	4.0	92.0
老　挝	43.3		100.0	42.9	1.6	96.3
黎巴嫩	725.5		100.0	710.8	72.6	89.8
莱索托	5.1		100.0	4.6	2.0	56.5
利比里亚	56.1		100.0	54.0	4.5	91.7
利比亚	716.7		100.0	1596.5	144.0	91.0
列支敦士登	37.2		100.0	0.1		100.0
马达加斯加	47.9		100.0	8.8	16.0	−81.8
马拉维	57.7		100.0	75.4	10.2	86.5
马来西亚	3271.1		100.0	1966.3	449.9	77.1
马尔代夫	4.6		100.0	4.0	3.2	20.0
马　里	108.1		100.0	28.3	10.3	63.6
马绍尔群岛	1.1		100.0	0.3	0.1	66.7
毛里塔尼亚	15.7		100.0	16.5	20.4	−23.6
毛里求斯	29.1		100.0	14.4	5.4	62.5
墨西哥	4624.9		100.0	3954.7	1106.2	72.0
密克罗尼西亚	1.2		100.0	2.2		100.0

附录4-7　续表 3

国家或地区	氟氯化碳消费量			全部消耗臭氧层物质消费量		
	基线水平（吨）	2013年消费量(吨)	比基线水平减少(%)	2002年消费量（吨）	2013年消费量（吨）	比2002年减少(%)
摩纳哥	6.2		100.0	0.1		100.0
蒙　古	10.6		100.0	7.3	0.9	87.7
黑　山	104.9		100.0	15.4	0.8	94.8
摩洛哥	802.3		100.0	1070.0	49.4	95.4
莫桑比克	18.2		100.0	14.4	8.3	42.4
缅　甸	54.3		100.0	45.7	3.0	93.4
纳米比亚	21.9		100.0	20.0	7.0	65.0
瑙　鲁	0.5		100.0			
尼泊尔	27.0		100.0	2.6	0.7	73.1
新西兰	2088.0		100.0	42.8	8.2	80.8
尼加拉瓜	82.8		100.0	64.9	3.6	94.5
尼日尔	32.0		100.0	27.6	14.6	47.1
尼日利亚	3650.0		100.0	3933.3	334.5	91.5
纽　埃	0.1		100.0			
挪　威	1313.0		100.0	−42.8		100.0
阿　曼	248.4		100.0	201.5	28.9	85.7
巴基斯坦	1679.4		100.0	2347.2	247.0	89.5
帕　劳	1.6		100.0	0.2	0.1	50.0
巴拿马	384.1		100.0	204.7	21.4	89.5
巴布亚新几内亚	36.3		100.0	39.7	3.0	92.4
巴拉圭	210.6		100.0	105.5	16.5	84.4
秘　鲁	289.5		100.0	203.6	25.8	87.3
菲律宾	3055.8		100.0	1795.1	136.7	92.4
卡塔尔	101.4		100.0	105.4	80.7	23.4
韩　国	9159.8		100.0	11745.9	1893.1	83.9
摩尔多瓦	73.3		100.0	29.6	1.0	96.6
俄罗斯联邦	100352.0	288.0	99.7	892.3	836.5	6.3
卢旺达	30.4		100.0	30.4	3.8	87.5
圣基茨和尼维斯	3.7		100.0	6.3	0.3	95.2
圣卢西亚	8.3		100.0	7.7	0.6	92.2
萨摩亚	4.5		100.0	2.6	0.1	96.2
圣多美和普林西比	4.7		100.0	4.4	0.1	97.7
沙特阿拉伯	1798.5		100.0	1926.4	1440.3	25.2
塞内加尔	155.8		100.0	82.3	7.7	90.6
塞尔维亚	849.2		100.0	384.9	8.1	97.9

附录4-7 续表 4

国家或地区	氟氯化碳消费量			全部消耗臭氧层物质消费量		
	基线水平(吨)	2013年消费量(吨)	比基线水平减少(%)	2002年消费量(吨)	2013年消费量(吨)	比2002年减少(%)
塞舌尔	2.9		100.0	166.1	0.6	99.6
塞拉利昂	78.6		100.0	84.4	0.8	99.1
新加坡	2718.2		100.0	146.7	116.7	20.4
所罗门群岛	2.1		100.0	5.7	0.2	96.5
索马里	241.4		100.0	124.1	16.5	86.7
南　非	592.6		100.0	848.8	426.4	49.8
斯里兰卡	445.6		100.0	227.4	13.4	94.1
圣文森特和格林纳丁斯	1.8		100.0	6.4	0.2	96.9
苏　丹	456.8		100.0	258.2	51.9	79.9
苏里南	41.3		100.0	51.0	1.2	97.6
斯威士兰	24.6		100.0	2.4	1.2	50.0
瑞　士	7960.0		100.0	26.2	1.4	94.7
叙利亚	2224.6		100.0	1754.1	28.0	98.4
塔吉克斯坦	211.0		100.0	12.6	2.3	81.7
泰　国	6082.1		100.0	3612.5	863.3	76.1
马其顿	519.7		100.0	44.6	0.7	98.4
东帝汶	36.0		100.0	2.7	0.3	88.9
多　哥	39.8		100.0	35.3	19.0	46.2
汤　加	1.3		100.0	1.0		100.0
特立尼达和多巴哥	120.0		100.0	93.9	39.5	57.9
突尼斯	870.1		100.0	552.5	38.7	93.0
土耳其	3805.7		100.0	1336.4	147.0	89.0
土库曼斯坦	37.3		100.0	10.9	4.2	61.5
图瓦卢	0.3		100.0			-100.0
乌干达	12.8		100.0	44.9		100.0
乌克兰	4725.2		100.0	145.5	59.4	59.2
阿拉伯联合酋长国	529.3		100.0	624.2	539.4	13.6
坦桑尼亚	253.9		100.0	71.5	1.6	97.8
美　国	305963.6	-498.6	100.2	16206.4	711.3	95.6
乌拉圭	199.1		100.0	100.9	15.5	84.6
乌兹别克斯坦	1779.2		100.0	0.8	4.6	-475.0
瓦努阿图					0.1	-100.0
委内瑞拉	3322.4		100.0	1653.0	139.9	91.5
越　南	500.0		100.0	447.4	252.9	43.5
也　门	1796.1		100.0	1135.8	127.2	88.8
赞比亚	27.4		100.0	24.0	5.0	79.2
津巴布韦	451.4		100.0	345.8	15.8	95.4

附录4-8　能源供应与可再生电力生产(2013年)

国家或地区	能源供应量（10^{15}焦耳）	人均能源供应量（10^{9}焦耳）	可再生电力生产占比（%）
阿富汗	321	10	78.67
阿尔巴尼亚	102	35	100.00
阿尔及利亚	1959	51	0.55
美国萨摩亚			0.64
安道尔	9	121	88.70
安哥拉	642	27	70.91
安圭拉	2	136	
安提瓜和巴布达岛	8	84	
阿根廷	3378	79	24.06
亚美尼亚	143	48	28.24
阿鲁巴	12	120	14.87
澳大利亚	5386	231	11.81
奥地利	1391	164	72.45
阿塞拜疆	567	60	6.38
巴哈马	45	118	
巴　林	574	425	
孟加拉国	1625	10	1.97
巴巴多斯	19	69	
白俄罗斯	1142	120	0.46
比利时	2338	210	9.96
伯利兹	13	39	64.69
贝　宁	170	16	
百慕大	6	88	
不　丹	63	83	100.00
玻利维亚	336	32	31.48
博内尔岛，圣尤斯特歇斯和萨巴	5	213	
波　黑	266	70	41.46
博茨瓦纳	86	39	0.13
巴　西	12149	59	69.65
英属维尔京群岛	2	85	
文　莱	127	310	0.05
保加利亚	703	97	17.23
布基纳法索	164	10	14.50

资料来源：联合国统计司，能源统计年鉴。

附录4-8　续表 1

国家或地区	能源供应量（10^{15}焦耳）	人均能源供应量（10^{9}焦耳）	可再生电力生产占比（%）
布隆迪	58	6	86.79
佛得角	7	15	21.23
柬埔寨	250	17	57.31
喀麦隆	307	14	70.89
加拿大	10431	296	61.95
开曼群岛	8	131	
中非共和国	23	5	85.64
乍　得	77	6	
智　利	1613	92	28.01
中　国	127191	93	19.75
中国香港	585	82	
中国澳门	47	83	
哥伦比亚	1513	32	63.00
科摩罗	5	7	11.63
刚　果	102	23	57.75
库克群岛	1	48	
哥斯达黎加	222	47	88.74
科特迪瓦	547	25	22.82
克罗地亚	321	75	64.28
古　巴	585	51	0.66
库拉索岛	78	502	
塞浦路斯	82	71	6.48
捷　克	1751	166	7.07
朝　鲜	612	25	70.18
刚果民主共和国	888	12	99.59
丹　麦	725	129	33.54
吉布提	11	13	
多米尼加	2	28	36.63
多米尼加共和国	339	33	11.25
厄瓜多尔	680	43	47.71
埃　及	3422	39	8.81
萨尔瓦多	176	29	56.45
赤道几内亚	73	91	6.36
厄立特里亚	34	7	0.55
爱沙尼亚	258	195	4.18
埃塞俄比亚	1394	15	99.91
法罗群岛	9	179	38.57
福克兰群岛（马尔维纳斯群岛）	1	258	33.33

附录4-8　续表 2

国家或地区	能源供应量（10^{15}焦耳）	人均能源供应量（10^{9}焦耳）	可再生电力生产占比（%）
斐　济	31	36	62.00
芬　兰	1374	252	19.54
法　国	10597	166	17.02
法属圭亚那	13	52	62.00
法属波利尼西亚	12	44	26.86
加　蓬	99	60	37.50
冈比亚	14	7	
佐治亚州	163	40	82.22
德　国	13261	165	17.90
加　纳	316	12	63.10
直布罗陀	8	245	
希　腊	993	90	24.80
格陵兰	9	166	78.13
格林纳达	5	43	
瓜德罗普	33	70	14.81
关　岛			
危地马拉	452	29	49.52
根　西		6	
几内亚	145	12	48.44
几内亚比绍	29	17	
圭亚那	34	45	
海　地	172	16	12.76
洪都拉斯	217	28	37.76
匈牙利	947	95	3.26
冰　岛	312	957	99.97
印　度	33195	26	14.97
印度尼西亚	8754	35	12.19
伊　朗	9172	119	5.71
伊拉克	2077	61	7.87
爱尔兰	548	117	20.92
马恩岛		4	0.79
以色列	997	128	0.87
意大利	6530	109	33.67
牙买加	108	39	5.62
日　本	18984	149	10.23
泽　西	3	34	
约　旦	325	45	0.34
哈萨克斯坦	3548	208	8.11

附录4-8 续表 3

国家或地区	能源供应量（10^{15}焦耳）	人均能源供应量（10^{9}焦耳）	可再生电力生产占比（%）
肯尼亚	873	20	73.76
基里巴斯	1	8	
科威特	1475	410	
吉尔吉斯斯坦	167	29	93.48
老　挝	85	13	93.29
拉脱维亚	183	91	48.83
黎巴嫩	289	55	6.61
莱索托	48	23	100.00
利比里亚	83	19	
利比亚	707	113	
列支敦士登	3	79	96.47
立陶宛	282	95	41.03
卢森堡	168	307	45.53
马达加斯加	166	7	50.82
马拉维	101	6	89.14
马来西亚	3417	116	7.75
马尔代夫	15	43	
马　里	66	4	64.77
马耳他	31	75	1.42
马绍尔群岛	1	28	
马提尼克	33	84	2.61
毛里塔尼亚	51	13	
毛里求斯	58	46	3.53
墨西哥	7944	64	12.91
密克罗尼西亚	2	21	2.94
蒙　古	475	166	
黑　山	42	67	65.58
蒙特塞拉特岛	1	153	
摩洛哥	796	23	15.89
莫桑比克	469	18	94.63
缅　甸	682	13	72.04
纳米比亚	63	27	95.79
瑙　鲁	1	60	
尼泊尔	458	16	99.68
荷　兰	3199	190	6.32
新喀里多尼亚	51	200	20.43
新西兰	876	196	72.87
尼加拉瓜	149	25	40.76

附录4-8　续表 4

国家或地区	能源供应量（10^{15}焦耳）	人均能源供应量（10^{9}焦耳）	可再生电力生产占比（%）
尼日尔	87	5	
尼日利亚	5589	32	18.39
纽　埃		65	
北马里亚纳群岛			
挪　威	1388	273	97.64
阿　曼	1015	260	
巴基斯坦	2868	16	31.88
帕　劳	3	152	18.75
巴拿马	158	42	57.51
巴布亚新几内亚	144	20	23.95
巴拉圭	228	35	100.00
秘　鲁	858	28	51.97
菲律宾	1781	18	26.17
波　兰	4121	107	5.54
葡萄牙	899	86	53.34
波多黎各	56	15	1.08
卡塔尔	1396	664	
韩　国	11007	221	2.28
摩尔多瓦	93	23	5.08
留尼旺	59	70	28.30
罗马尼亚	1339	68	34.38
俄罗斯联邦	30709	214	17.29
卢旺达	95	9	35.84
圣海伦娜		40	9.09
圣基茨岛和尼维斯	4	73	
圣露西亚	6	33	
圣皮埃尔和密克隆	1	162	2.13
圣文森特和格林纳丁斯	3	28	16.67
萨摩亚	4	22	31.36
圣多美和普林西比	3	14	10.45
沙特阿拉伯	7985	264	0.00
塞内加尔	154	11	2.00
塞尔维亚	618	69	27.22
塞舌尔	9	94	1.98
塞拉利昂	67	11	64.02
新加坡	1120	207	
圣马丁岛(荷兰部分)	12	327	
斯洛伐克	711	131	20.22
斯洛文尼亚	287	139	31.86
所罗门群岛	6	11	

附录4-8 续表 5

国家或地区	能源供应量（10^{15}焦耳）	人均能源供应量（10^{9}焦耳）	可再生电力生产占比（%）
索马里	126	12	
南 非	6341	119	1.69
南苏丹	28	2	0.42
西班牙	4923	106	37.97
斯里兰卡	388	19	59.57
巴勒斯坦	61	14	
苏 丹	608	16	78.41
苏里南	34	65	22.02
斯威士兰	49	39	40.68
瑞 典	2044	212	46.60
瑞 士	1113	136	57.75
叙利亚	542	28	11.57
塔吉克斯坦	106	13	99.74
泰 国	5336	79	4.31
马其顿	117	56	26.14
东帝汶	7	6	
多 哥	134	19	80.18
汤 加	3	28	
特立尼达和多巴哥	824	611	
突尼斯	430	39	3.49
土耳其	4897	64	28.54
土库曼斯坦	1102	210	
特克斯和凯科斯群岛	3	85	
图瓦卢			
乌干达	452	12	68.02
乌克兰	4844	107	8.07
阿拉伯联合酋长国	2710	300	
英 国	7920	124	10.60
坦桑尼亚联合共和国	994	20	31.07
美 国	90838	286	11.57
美属维尔京群岛			
乌拉圭	196	58	71.61
乌兹别克斯坦	1798	62	21.33
瓦努阿图	3	10	14.71
委内瑞拉	2871	95	67.83
越 南	2554	28	45.32
沃利斯和富图纳群岛		26	
也 门	344	13	
赞比亚	400	26	99.71
津巴布韦	480	32	52.54

附录4-9 危险废物产生量

单位:千吨

国家或地区	1995	2000	2005	2010	2011	2012	2013	2014
阿尔及利亚	185.0							
奥地利				1472.9		1065.9		1272.3
阿塞拜疆	27.0	26.6	12.8	140.0	185.7	297.0		
巴 林	136.0	140.0	38.2					
孟加拉国			75.9					
白俄罗斯	90	73	192	1337				
比利时				4478.9		4257.8		2946.2
伯利兹		0.8						
贝 宁								
百慕大群岛				0.6	0.6	0.5		
波 黑				525.1		945.9		
保加利亚				13553		13407		12206
布基纳法索		1.6						
喀麦隆			9.4					
智 利		198.3	271.4					
中 国		8300.0	11620.0	15867.5	34312.2	34652.4		
中国香港	97.1	91.6	47.1					
中国澳门		4.2	5.9					
哥伦比亚				165.5	217.9	250.7		
克罗地亚				72.6		122.5		130.3
古 巴		1023.6	941.4	660.8	500.7	565.2		
塞浦路斯				37.3		31.3		173.4
捷 克				1363		1481		1162.3
丹 麦				1225		1193		1718.4
多米尼加								
厄瓜多尔		85.9	196.8					
爱沙尼亚				8962		9159		10410
芬 兰				2559.4		1653.9		1998.7
法 国				11538.1		11303.1		10479.7
法属圭亚那								
德 国				19931.5		21983.9		21812.7
希 腊				291.8		297.4		221.0

资料来源:联合国统计司/环境规划署两年度环境统计问卷,废物部分。
欧盟统计局环境统计数据库。

附录4-9 续表1

单位:千吨

国家或地区	1995	2000	2005	2010	2011	2012	2013	2014
瓜德罗普岛								
匈牙利				540.6		700.2		596.6
冰　岛				0.0		0.0		
印　度		7243.8				7900.0		
伊拉克				15.5		119.4		
爱尔兰				1972.2		1385.1		
以色列		242.1	321.0					
意大利				8543.4		9474.4		8923.5
牙买加		10.0	10.0					
约　旦			71.4	62.0	1230.4			
吉尔吉斯斯坦		6304.1	6206.2	5745.9	5876.2	4771.3		
拉脱维亚				67.9		95.1		104.1
黎巴嫩								
列支敦士登					17.5	14.1		
立陶宛				105.3		136.8		165.5
卢森堡				380.1		315.1		237.2
马达加斯加								
马来西亚		344.6	548.9					
马耳他				24.9		29.3		36.5
马提尼克								
毛里求斯				7.8	8.8	8.2		
摩纳哥	0.3	0.3	0.5					
黑　山						2.8		284.1
摩洛哥		119.0						
荷　兰				4485.0		4859.9		4774.5
尼日尔			554.0					
挪　威				1763.0		1357.1		1433.6
巴拿马	0.2	0.3	1.5	3.0	3.1			
波　兰				1491.8		1737.0		1679.1
葡萄牙				666.5		545.0		701.2
摩尔多瓦	2.7	2.6	0.8	0.4	0.5	0.4		

附录4-9 续表2

单位:千吨

国家或地区	1995	2000	2005	2010	2011	2012	2013	2014
留尼旺		9.8						
罗马尼亚				666.2		670.6		
俄罗斯联邦			142496.7	114366.6	120162.2	113665.0		
圣文森特和								
格林纳丁斯								
塞内加尔								
塞尔维亚				11161.2	12794.2	14458.0		
新加坡	64.9	121.5	339.0					
斯洛伐克				415.5		370.2		375.7
斯洛文尼亚				117.2		133.3		155.2
南　非					1319.1			
西班牙				2991.2		3113.9		2941.9
斯里兰卡								
巴勒斯坦		5.0	5.7	4.1		4.5		
苏里南				0.0	0.0	0.0		
瑞　典				2527.8		2696.7		2568.2
叙利亚								
泰　国		1650.0	1814.0					
马其顿				726.2		678.6		
多　哥								
特立尼达和多巴哥								
突尼斯								
土耳其				3226.1		3988.2		3432.4
乌克兰	3562.9	2613.2	2411.8					
阿拉伯联合酋长国				324.6	344.0	341.4		
英　国				7004.5		7630.7		5771.3
也　门	38.2							
赞比亚		50.0	80.0					
津巴布韦		21.6	23.2	45.5	47.0	37.3		

附录4-10 城市垃圾处理

国家或地区	最近年份	城市垃圾收集量(千吨)	填埋(%)	焚烧(%)	回收利用(%)	堆肥(%)
阿尔巴尼亚	2012	1469				
阿尔及利亚	2008	8700				
安道尔	2012	43		52.1		
安哥拉	2006	5840				
安圭拉	2008	15	100.0			
安提瓜和巴布达	2012	123	100.0			
阿根廷	2012	5692				
亚美尼亚	2012	408	100.0			
澳大利亚	2011	14037	48.5		45.2	
奥地利	2014	4833	4.0	36.3	25.5	30.9
阿塞拜疆	2012	1647				
巴哈马	2006	227				
白俄罗斯	2012	3640	100.0			
比利时	2014	4886	1.0	44.9	34.0	21.0
伯利兹	2000	69	100.0			
贝宁	2002	986				
百慕大	2012	82	12.2	67.6	2.0	18.3
不丹	2012	50	60.0	15.0	15.0	1.0
玻利维亚	2012	1100				
波黑	2012	964	96.0			
巴西	2012	57900	52.0			
英属维尔京群岛	2005	37		80.3		
文莱	2002	196				
保加利亚	2014	3192	69.5	1.6	21.2	1.8
布基纳法索	2009	666	92.0			
布隆迪	2011	39				
柬埔寨	2012	461				
喀麦隆	2009	7249	99.6		0.4	
智利	2011	6142	100.0			
中国	2012	170809	61.5	21.0		
中国香港	2009	6450	50.7		49.3	

资料来源:联合国统计司/环境规划署两年度环境统计问卷,废物部分。
欧盟统计局环境数据中心废物数据。
经合组织统计资料,废物部分。

附录4-10 续表1

国家或地区	最近年份	城市垃圾收集量（千吨）	填埋（%）	焚烧（%）	回收利用（%）	堆肥（%）
中国澳门	2009	325	22.6	99.8	0.1	
哥伦比亚	2011	8996	99.2	0.0	0.9	
哥斯达黎加	2002	1280				
克罗地亚	2014	1637	80.0	0.2	14.4	2.1
古　巴	2012	5331	90.9		3.7	5.5
塞浦路斯	2014	526	75.7	0.8	13.5	4.2
捷　克	2014	3261	56.0	18.5	22.6	2.9
丹　麦	2014	4279	1.3	54.4	26.9	17.4
多米尼克	2005	21	100.0			
厄瓜多尔	2012	2756	6.7	0.0	1.8	2.7
埃　及	2012	21000	90.5		9.5	
爱沙尼亚	2014	470	6.5	47.2	26.5	4.6
芬　兰	2014	2630	17.4	50.0	18.0	14.5
法　国	2014	33703	25.8	35.0	22.1	17.2
法属圭亚那	2007	79				
格鲁吉亚	2009	880				
德　国	2014	50064	0.3	33.7	46.6	17.2
希　腊	2012	5585	80.7		15.6	3.7
瓜德罗普岛	2007	274				
匈牙利	2014	3795	57.5	9.8	24.3	6.2
冰　岛	2013	112	49.2	5.9	37.4	7.5
印　度	2001	17569				
印度尼西亚	2012	7650				
伊拉克	2012	13113				
爱尔兰	2012	2693	38.2	15.9	30.8	5.8
以色列	2014	5034	82.0			
意大利	2014	29655	31.5	19.3	26.1	16.4
牙买加	2006	1464	100.0			
日　本	2013	44874	1.3	77.6	20.3	0.3
约　旦	2012	2243	98.5	0.7		0.3

附录4-10　续表2

国家或地区	最近年份	城市垃圾收集量（千吨）	填埋（%）	焚烧（%）	回收利用（%）	堆肥（%）
哈萨克斯坦	2009	3928				
科威特	2012	10422	75.4		24.6	
吉尔吉斯斯坦	2012	980	100.0			
拉脱维亚	2014	648	79.5		16.5	4.0
黎巴嫩	2012	1940	81.0		8.0	11.0
列支敦士登	2012	28				22.8
立陶宛	2014	1270	58.9	8.9	21.1	9.4
卢森堡	2014	343	17.9	35.3	28.3	18.5
马达加斯加	2007	419	96.7			3.5
马尔代夫	2012	211				
马耳他	2014	256	79.7	0.4	7.4	3.5
马绍尔群岛	2007	26			30.8	6.0
马提尼克	2009	181				
毛里求斯	2012	388	91.0			9.0
新墨西哥州	2012	42103	95.0		5.0	
慕尼黑	2012	46		121.7	5.4	
黑　山	2012	280				
摩洛哥	2000	6500	98.0		2.0	
尼泊尔	2002	418				
荷　兰	2014	8890	1.4	47.7	23.7	27.1
新西兰	2014	2931	100.0			
尼日尔	2005	9750	64.0	12.0	4.0	
挪　威	2014	2175	2.8	52.8	26.1	16.1
巴拿马	2012	670	100.0			
秘　鲁	2001	4740	65.7		14.7	
菲律宾	2009	9104				
波　兰	2014	10330	52.6	15.1	21.1	11.2
葡萄牙	2014	4710	49.0	20.7	16.2	14.1
卡塔尔	2012	2517				
韩　国	2013	17786	15.6	25.3	58.7	0.4

附录4-10　续表3

国家或地区	最近年份	城市垃圾收集量(千吨)	填埋(%)	焚烧(%)	回收利用(%)	堆肥(%)
摩尔多瓦	2012	2469	100.0			
留尼汪	2007	559				
罗马尼亚	2014	4953	71.8	2.7	5.1	7.9
俄罗斯联邦	2012	10071			66.7	
圣卢西亚	2012	45	100.0			
圣文森特和格林纳丁斯	2002	38	84.9		15.1	
塞内加尔	2005	465				
塞尔维亚	2012	1830	100.0			
新加坡	2012	7630	2.6	35.9	56.2	0.6
斯洛伐克	2014	1742	66.5	10.9	5.1	5.2
斯洛文尼亚	2014	892	23.3	0.2	29.0	6.9
西班牙	2014	20217	55.1	12.3	15.5	17.0
斯里兰卡	2004	1036				
巴勒斯坦	2012	1513	29.0	69.0	1.0	
苏里南	2012	77				
瑞　典	2014	4246	0.6	49.5	33.4	16.5
瑞　士	2014	6006		46.5	32.6	20.9
叙利亚	2003	7500	93.9	5.3	1.1	
马其顿	2012	558	100.0			
多　哥	2012	197			2.0	1.8
特立尼达和多巴哥	2002	425				
突尼斯	2004	1316	99.9			0.1
土耳其	2014	31230	89.2			0.4
乌干达	2006	224	100.0			
乌克兰	2009	4445				
阿拉伯联合酋长国	2012	5325	66.3		14.3	5.2
英　国	2014	31131	27.8	26.5	27.3	16.4
美　国	2012	227604	53.8	11.7	26.0	8.5
乌拉圭	2000	910				
也　门	2012	1535	100.0			
赞比亚	2005	389				

附录4-11　森林面积

国家或地区	1990年 森林面积 （平方公里）	2015年 森林面积 （平方公里）	比1990年 增减 （%）	2015年 森林覆盖率 （%）
阿富汗	13500	13500		2.1
阿尔巴尼亚	7888	7715	-2.2	28.2
阿尔及利亚	16670	19560	17.3	0.8
美属萨摩亚	184	175	-4.6	87.7
安道尔	160	160		34.0
安哥拉	609760	578560	-5.1	46.4
安圭拉	55	55		61.1
安提瓜和巴布达	103	98	-4.9	22.3
阿根廷	347930	271120	-22.1	9.9
亚美尼亚	3350	3320	-0.9	11.8
阿鲁巴	4	4		2.3
澳大利亚	1285410	1247510	-2.9	16.2
奥地利	37760	38690	2.5	46.9
阿塞拜疆	8518	11394	33.8	13.8
巴哈马	5150	5150		51.4
巴　林	2	6	179.6	0.8
孟加拉国	14940	14290	-4.4	11.0
巴巴多斯	63	63		14.7
白俄罗斯	77800	86335	11.0	41.6
比利时	6774	6834	0.9	22.6
伯利兹	16160	13663	-15.5	59.9
贝　宁	57610	43110	-25.2	39.0
百慕大	10	10		20.0
不　丹	25067	27549	9.9	72.3
玻利维亚	627950	547640	-12.8	50.6
波　黑	22100	21850	-1.1	42.8
博茨瓦纳	137180	108400	-21.0	19.1
巴　西	5467050	4935380	-9.7	59.0
英属维尔京群岛	37	36	-2.4	24.1
文　莱	4130	3800	-8.0	72.1
保加利亚	33270	38230	14.9	35.2
布基纳法索	68470	53500	-21.9	19.6
布隆迪	2890	2760	-4.5	10.7

资料来源：联合国粮农组织。

附录4-11　续表 1

国家或地区	1990年 森林面积 （平方公里）	2015年 森林面积 （平方公里）	比1990年 增减 （%）	2015年 森林覆盖率 （%）
佛得角	578	899	55.7	22.3
柬埔寨	129440	94570	-26.9	53.6
喀麦隆	243160	188160	-22.6	39.8
加拿大	3482730	3470690	-0.3	38.2
开曼群岛	127	127		52.9
中非共和国	225600	221700	-1.7	35.6
乍　得	67050	48750	-27.3	3.9
智　利	152630	177350	16.2	23.9
中　国	1571406	2083213	32.6	22.1
哥伦比亚	644170	585017	-9.2	52.7
科摩罗	490	370	-24.5	19.9
刚　果	227260	223340	-1.7	65.4
库克群岛	144	151	4.9	64.0
哥斯达黎加	25640	27560	7.5	54.0
科特迪瓦	102220	104010	1.8	32.7
克罗地亚	18500	19220	3.9	34.3
古　巴	20580	32000	55.5	30.1
塞浦路斯	1611	1727	7.2	18.7
捷　克	26290	26670	1.4	34.5
朝　鲜	82010	50310	-38.7	41.8
刚果民主共和国	1603630	1525780	-4.9	67.3
丹　麦	5432	6122	12.7	14.4
吉布提	56	56		0.2
多米尼加	500	433	-13.3	57.8
多米尼加共和国	11050	19830	79.5	41.0
厄瓜多尔	146309	125479	-14.2	50.5
埃　及	440	730	65.9	0.1
萨尔瓦多	3770	2650	-29.7	12.8
赤道几内亚	18600	15680	-15.7	55.9
厄立特里亚	16210	15100	-6.8	15.0
爱沙尼亚	22060	22320	1.2	52.7
埃塞俄比亚	151140	124990	-17.3	11.4
法罗群岛	1	1		0.1
福克兰群岛				

附录4-11　续表 2

国家或地区	1990年 森林面积 （平方公里）	2015年 森林面积 （平方公里）	比1990年 增减 （%）	2015年 森林覆盖率 （%）
斐　济	9529	10172	6.7	55.7
芬　兰	218750	222180	1.6	73.1
法　国	144360	169890	17.7	31.0
法属圭亚那	82180	81300	-1.1	98.6
法属波利尼西亚	550	1550	181.8	42.3
加　蓬	220000	230000	4.5	89.3
冈比亚	4420	4880	10.4	48.8
格鲁吉亚	27523	28224	2.5	40.6
德　国	113000	114190	1.1	32.8
加　纳	86270	93370	8.2	41.0
直布罗陀				
希　腊	32990	40540	22.9	31.5
格陵兰	2	2		0.0
格林纳达	170	170		50.0
瓜德鲁普	732	715	-2.4	42.5
关　岛	250	250		46.3
危地马拉	47480	35400	-25.4	33.0
根　西	2	2		2.6
几内亚	72640	63640	-12.4	25.9
几内亚比绍	22160	19720	-11.0	70.1
圭亚那	166600	165260	-0.8	84.0
海　地	1160	970	-16.4	3.5
梵蒂冈				
洪都拉斯	81360	45920	-43.6	41.0
匈牙利	18010	20690	14.9	22.7
冰　岛	161	492	205.6	0.5
印　度	639390	706820	10.5	23.8
印度尼西亚	1185450	910100	-23.2	53.0
伊　朗	90761	106920	17.8	5.8
伊拉克	8040	8250	2.6	1.9
爱尔兰	4650	7540	62.2	10.9
马恩岛	35	35		6.1
以色列	1320	1650	25.0	7.6
意大利	75900	92970	22.5	31.6

附录4-11 续表 3

国家或地区	1990年 森林面积 （平方公里）	2015年 森林面积 （平方公里）	比1990年 增减 （%）	2015年 森林覆盖率 （%）
牙买加	3446	3352	-2.7	31.0
日　本	249500	249580		68.5
泽　西	6	6		5.2
约　旦	975	975		1.1
哈萨克斯坦	34220	33090	-3.3	1.2
肯尼亚	47240	44130	-6.6	7.8
基里巴斯	122	122		15.0
科威特	35	63	81.2	0.4
吉尔吉斯斯坦	8364	6370	-23.8	3.3
老　挝	176449	187614	6.3	81.3
拉脱维亚	31730	33560	5.8	54.0
黎巴嫩	1310	1373	4.8	13.4
莱索托	400	490	22.5	1.6
利比里亚	49290	41790	-15.2	43.4
利比亚	2170	2170		0.1
列支敦士登	65	69	6.2	43.1
立陶宛	19450	21800	12.1	34.8
卢森堡	858	867	1.0	33.5
马达加斯加	136920	124730	-8.9	21.4
马拉维	38960	31470	-19.2	33.4
马来西亚	223760	221950	-0.8	67.6
马尔代夫	10	10		3.3
马　里	66900	47150	-29.5	3.9
马耳他	3	3		1.1
马绍尔群岛	126	126		70.2
马提尼克	485	485		45.8
毛里塔尼亚	4150	2245	-45.9	0.2
毛里求斯	411	386	-6.1	19.2
马约特岛	107	58	-45.5	15.5
墨西哥	697600	660400	-5.3	34.0
密克罗尼西亚	636	643	1.1	91.9
摩纳哥				
蒙　古	125360	125528	0.1	8.1

附录4-11 续表 4

国家或地区	1990年森林面积（平方公里）	2015年森林面积（平方公里）	比1990年增减（%）	2015年森林覆盖率（%）
黑 山	6260	8270	32.1	61.5
蒙特塞拉特	35	25	-28.6	25.0
摩洛哥	49540	56320	13.7	12.6
莫桑比克	433780	379400	-12.5	48.2
缅 甸	392180	290410	-25.9	44.2
纳米比亚	87620	69190	-21.0	8.4
瑙 鲁				
尼泊尔	48170	36360	-24.5	25.4
荷 兰	3450	3760	9.0	11.1
新喀里多尼亚	8390	8390		45.9
新西兰	96580	101520	5.1	38.6
尼加拉瓜	45140	31140	-31.0	25.9
尼日尔	19450	11420	-41.3	0.9
尼日利亚	172340	69930	-59.4	7.7
纽 埃	206	181	-12.1	69.6
诺福克岛	5	5		11.5
北马里亚纳群岛	336	295	-12.2	64.1
挪 威	121320	121120	-0.2	39.8
阿 曼	20	20		0.0
巴基斯坦	25270	14720	-41.7	1.9
帕 劳	382	403	5.6	87.6
巴拿马	50400	46170	-8.4	62.1
巴布亚新几内亚	336270	335590	-0.2	72.5
巴拉圭	211570	153230	-27.6	38.6
秘 鲁	779210	739730	-5.1	57.8
菲律宾	65550	80400	22.7	27.0
皮特凯恩	35	35		74.5
波 兰	88810	94350	6.2	30.8
葡萄牙	34360	31820	-7.4	35.3
波多黎各	2870	4960	72.8	57.9
卡塔尔				
韩 国	63700	61840	-2.9	63.7
摩尔多瓦	3190	4090	28.2	12.4

附录4-11　续表 5

国家或地区	1990年 森林面积 （平方公里）	2015年 森林面积 （平方公里）	比1990年 增减 （%）	2015年 森林覆盖率 （%）
留尼旺	870	880	1.1	35.2
罗马尼亚	63710	68610	7.7	29.8
俄罗斯联邦	8089499	8149305	0.7	49.8
卢旺达	3180	4800	50.9	19.5
圣巴特岛				
圣海伦娜	20	20		5.1
圣基茨和尼维斯	110	110		42.3
圣卢西亚	218	203	-6.9	33.3
圣马丁（法国部分）	11	11		21.2
圣皮埃尔和密克隆	34	28	-17.6	12.2
圣文森特和格林纳丁斯	250	270	8.0	69.2
萨摩亚	1300	1710	31.5	60.4
圣马力诺				
圣多美和普林西比	560	536	-4.3	55.8
沙特阿拉伯	9770	9770		0.5
塞内加尔	93480	82730	-11.5	43.0
塞尔维亚	23130	27200	17.6	31.1
塞舌尔	407	407		88.4
塞拉利昂	31180	30440	-2.4	42.5
新加坡	164	164		23.4
斯洛伐克	19220	19400	0.9	40.3
斯洛文尼亚	11880	12480	5.1	62.0
所罗门群岛	23240	21850	-6.0	78.1
索马里	82820	63630	-23.2	10.1
南　非	92410	92410		7.6
南苏丹	71570	71570		11.3
西班牙	138095	184179	33.4	36.9
斯里兰卡	22840	20700	-9.4	33.0
巴勒斯坦	91	92	1.0	1.5
苏　丹	235703	192099	-18.5	10.3
苏里南	154300	153320	-0.6	95.4
斯瓦尔巴群岛				
斯威士兰	4720	5860	24.2	34.1

附录4-11　续表 6

国家或地区	1990年 森林面积 （平方公里）	2015年 森林面积 （平方公里）	比1990年 增减 （%）	2015年 森林覆盖率 （%）
瑞　典	280630	280730		68.4
瑞　士	11510	12540	8.9	31.4
叙利亚	3720	4910	32.0	2.7
塔吉克斯坦	4080	4120	1.0	3.0
泰　国	140050	163990	17.1	32.1
马其顿	9120	9980	9.4	39.6
东帝汶	9660	6860	−29.0	46.1
多　哥	6850	1880	−72.6	3.5
托克劳				
汤　加	90	90		12.5
特立尼达和多巴哥	2407	2345	−2.6	45.7
突尼斯	6430	10410	61.9	6.7
土耳其	96220	117150	21.8	15.2
土库曼斯坦	41270	41270		8.8
特克斯和凯科斯群岛	344	344		80.0
图瓦卢	10	10		33.3
乌干达	47510	20770	−56.3	10.4
乌克兰	92740	96570	4.1	16.7
阿拉伯联合酋长国	2450	3226	31.7	3.9
英　国	27780	31440	13.2	13.0
坦桑尼亚	559200	460600	−17.6	52.0
美　国	3024500	3100950	2.5	33.8
美属维尔京群岛	236	176	−25.4	50.3
乌拉圭	7978	18450	131.3	10.5
乌兹别克斯坦	30450	32199	5.7	7.3
瓦努阿图	4400	4400		36.1
委内瑞拉	520260	466830	−10.3	52.9
越　南	93630	147730	57.8	47.6
沃利斯和富图纳群岛	58	58	0.5	41.7
西撒哈拉	7070	7070		2.7
也　门	5490	5490		1.0
赞比亚	528000	486350	−7.9	65.4
津巴布韦	221640	140620	−36.6	36.4

附录4-12 海洋保护区

国家或地区	1990年 保护区面积 占比 (%)	2000年 保护区面积 占比 (%)	2014年 保护区面积 占比 (%)	2014年 保护区面积 (平方公里)
阿富汗				
阿尔巴尼亚		0.7	1.5	91
阿尔及利亚	0.1	0.1	1.2	339
美属萨摩亚	2.3	2.3	17.3	35056
安道尔				
安哥拉	0.1	0.1	0.1	24
安圭拉				65
安提瓜和巴布达	0.2	0.2	1.4	140
阿根廷	2.7	5.1	8.9	18437
亚美尼亚				
阿鲁巴				
澳大利亚	26.6	29.9	48.5	3270908
奥地利				
阿塞拜疆				
巴哈马	0.2	0.2	0.4	1434
巴林		0.8	7.6	346
孟加拉国	0.1	2.1	2.5	1000
巴巴多斯	0.1	0.1	0.1	3
白俄罗斯				
比利时	3.7	44.4	56.1	1266
伯利兹	0.5	13.7	14.2	2680
贝宁				
百慕大	4.8	5.1	5.1	149
不丹				
玻利维亚				
波黑	7.1	7.1	8.3	1
博茨瓦纳				
巴西	2.5	13.5	20.5	58309
英属维尔京群岛	1.8	2.1	2.1	46
文莱	1.5	1.5	1.5	47
保加利亚	0.1	0.2	15.3	1009
布基纳法索				
布隆迪				
佛得角				

资料来源:联合国统计司千年发展目标数据库。

附录4-12　续表 1

国家或地区	1990年保护区面积占比（%）	2000年保护区面积占比（%）	2014年保护区面积占比（%）	2014年保护区面积（平方公里）
柬埔寨		0.4	0.5	89
喀麦隆	0.6	0.6	6.8	568
加拿大	0.7	0.8	1.4	46327
开曼群岛	1.1	1.1	1.2	89
中非共和国				
乍得				
智利	3.3	3.3	3.9	159975
中国	0.4	1.1	2.3	8668
中国香港				
中国澳门				
哥伦比亚	2.4	5.8	16.9	74471
科摩罗			0.3	3808
刚果		32.8	33.6	1173
库克群岛				15
哥斯达黎加	11.9	15.4	15.8	4987
科特迪瓦	0.1	0.1	2.1	243
克罗地亚	1.4	1.4	16.3	5113
古巴	1.3	1.3	7.6	9345
塞浦路斯		0.2	0.9	121
捷克				
朝鲜	0.1	0.1	0.1	26
刚果民主共和国	3.8	4.4	4.3	31
丹麦	19.7	26.8	29.2	17890
吉布提			0.2	12
多米尼加	0.1	0.1	0.1	5
多米尼加共和国	11.9	30.4	31.4	24588
厄瓜多尔	74.7	75.0	75.7	139951
埃及	1.6	6.5	13.2	7920
萨尔瓦多			9.5	622
赤道几内亚		2.6	2.7	329
厄立特里亚				
爱沙尼亚	0.2	2.4	27.5	6773
埃塞俄比亚				
法罗群岛				62
福克兰群岛	0.2	0.2	0.3	22371
斐济	0.2	0.4	6.2	11924

附录4-12　续表 2

国家或地区	1990年 保护区面积 占比 (%)	2000年 保护区面积 占比 (%)	2014年 保护区面积 占比 (%)	2014年 保护区面积 (平方公里)
芬兰	3.3	13.9	16.7	8722
法国	2.0	21.5	62.9	88225
法属圭亚那		11.7	14.7	1321
法属波利尼西亚		0.1	0.1	207
加蓬	0.4	0.7	9.3	1896
冈比亚	0.5	0.7	1.2	27
格鲁吉亚		2.4	2.4	153
德国	40.2	51.1	64.8	25437
加纳		1.7	1.7	210
希腊	0.4	4.8	6.0	7213
格陵兰	36.5	36.5	36.7	102318
格林纳达			0.1	5
瓜德鲁普	11.0	11.4	11.4	1391
关岛	0.5	2.5	2.5	115
危地马拉	0.3	12.7	13.0	944
几内亚		4.2	4.2	577
几内亚比绍	2.7	45.9	45.9	9021
圭亚那			0.2	17
海地				6
洪都拉斯	2.2	2.9	3.3	1468
匈牙利				
冰岛		3.7	3.9	2768
印度	1.5	1.7	2.1	4049
印度尼西亚	0.4	1.0	5.8	195766
伊朗	1.5	1.9	2.2	1444
伊拉克				
爱尔兰	0.5	6.0	10.4	6597
以色列	0.1	0.2	0.3	12
意大利	0.6	3.5	20.1	47330
牙买加		4.5	4.6	1860
日本	5.0	5.0	5.1	19949
约旦		30.2	30.1	29
哈萨克斯坦				
肯尼亚	3.7	9.2	10.0	1335
基里巴斯	0.3	0.8	20.2	408408
科威特			0.2	13
吉尔吉斯斯坦				
老挝				
拉脱维亚		2.5	44.3	4851

附录4-12 续表 3

国家或地区	1990年保护区面积占比（%）	2000年保护区面积占比（%）	2014年保护区面积占比（%）	2014年保护区面积（平方公里）
黎巴嫩				1
莱索托				
利比里亚			2.0	252
利比亚		4.3	4.3	2287
列支敦士登				
立陶宛	0.2	10.3	30.6	682
卢森堡				
马达加斯加		0.1	3.4	6094
马拉维				
马来西亚	1.5	2.0	2.3	3512
马尔代夫		0.2	0.4	608
马里				
马耳他	0.3	0.3	4.7	187
马绍尔群岛		0.7	3.4	3830
马提尼克	0.7	0.7	0.7	40
毛里塔尼亚	32.2	32.3	32.3	6488
毛里求斯		0.3	0.3	50
马约特岛				63278
墨西哥	1.6	12.2	19.0	62226
密克罗尼西亚		0.1	0.1	60
摩纳哥	0.1	0.4	100.3	284
蒙古				
黑山				
蒙特塞拉特				
摩洛哥		0.3	1.3	502
莫桑比克	1.8	1.8	18.0	12672
缅甸	0.2	0.2	0.2	324
纳米比亚	0.5	0.5	28.1	9637
瑙鲁				
尼泊尔				
荷兰	21.2	54.7	57.7	13894
新喀里多尼亚	0.6	1.7	56.6	1301248
新西兰	4.7	12.4	12.5	1221395
尼加拉瓜	0.6	15.7	37.7	15245
尼日尔				
尼日利亚	0.2	0.2	0.2	33
纽埃		1.2	1.2	35
北马里亚纳群岛	0.1	0.1	20.4	256085

附录4-12 续表 4

国家或地区	1990年保护区面积占比（%）	2000年保护区面积占比（%）	2014年保护区面积占比（%）	2014年保护区面积（平方公里）
挪威	50.6	50.8	60.7	87120
阿曼		1.3	1.3	686
巴基斯坦	1.8	2.0	5.6	1768
帕劳	0.5	20.0	31.4	1392
巴拿马	3.8	4.7	7.4	5530
巴布亚新几内亚	0.3	0.4	0.4	4274
巴拉圭				
秘鲁	2.8	2.8	6.8	4935
菲律宾	0.3	2.4	2.5	19104
波兰	1.4	1.5	52.7	7225
葡萄牙	4.1	4.5	5.5	13973
波多黎各	1.7	1.7	1.8	342
卡塔尔		0.4	1.6	172
韩国	3.3	3.4	4.3	3411
摩尔多瓦				
留尼旺			0.8	50
罗马尼亚	1.5	35.1	42.8	2502
俄罗斯联邦	2.3	11.1	11.5	222231
卢旺达				
圣基茨岛和尼维斯	0.6	0.6	0.5	17
圣露西亚	0.1	0.1	0.2	6
圣文森特和格林纳丁斯	1.3	1.3	1.2	79
萨摩亚	0.5	1.1	1.1	113
圣马力诺				
圣多美和普林西比				
沙特阿拉伯	0.6	3.4	3.4	3510
塞内加尔	8.1	8.1	14.4	1736
塞尔维亚				
塞舌尔	0.7	0.7	1.0	484
塞拉利昂		5.5	7.8	863
新加坡		1.4	1.5	9
斯洛伐克				
斯洛文尼亚		0.4	98.5	162
所罗门群岛		0.4	0.9	1901
索马里				
南非	1.4	3.4	13.4	174954
南苏丹				
西班牙	0.8	6.6	7.5	12120
斯里兰卡	0.1	1.1	1.3	416

附录4-12　续表 5

国家或地区	1990年保护区面积占比（%）	2000年保护区面积占比（%）	2014年保护区面积占比（%）	2014年保护区面积（平方公里）
巴勒斯坦				
苏丹				12
苏里南	22.9	22.9	22.9	1981
斯威士兰				
瑞典	4.1	7.9	10.5	12335
瑞士				
叙利亚		0.6	0.6	25
塔吉克斯坦				
泰国	3.9	4.2	5.2	5685
马其顿				
东帝汶			3.8	573
多哥			2.8	31
托克劳群岛				64
汤加		9.6	9.6	10055
特立尼达和多巴哥	0.2	2.8	3.0	496
突尼斯	1.1	1.2	2.7	998
土耳其		0.3	0.4	280
土库曼斯坦				
特克斯和凯科斯群岛	0.7	1.0	1.0	150
图瓦卢	0.1	0.3	0.3	62
乌干达				
乌克兰	5.9	10.7	10.7	4614
阿拉伯联合酋长国	0.3	0.3	21.0	6796
英国	5.0	11.0	17.2	70541
坦桑尼亚	3.7	10.0	18.2	6713
美国	22.6	28.3	31.7	1599955
美属维尔京群岛	1.6	2.0	2.0	121
乌拉圭	0.3	0.3	1.8	416
乌兹别克斯坦				
瓦努阿图				14591
委内瑞拉	7.7	16.8	16.8	16066
越南	0.3	0.5	1.8	3686
西撒哈拉				
也门		2.1	3.6	2562
赞比亚				
津巴布韦				

附录4-13 农业用地

国家或地区	2013年农业用地（平方公里）	比1990年农业用地增减（%）	2013年农业用地占土地总面积比重（%）	2013年耕地面积（平方公里）	2013年永久性作物面积（平方公里）	2013年牧草地面积（平方公里）	2013年农业灌溉面积（平方公里）
阿富汗	379100	-0.3	58.1	77850	1250	300000	20920
阿尔巴尼亚	11873	5.9	43.3	6171	792	4910	2053
阿尔及利亚	414316	7.1	17.4	74962	9390	329964	10895
美属萨摩亚	49	63.3	24.5	30	19		
安道尔	208	9.5	44.3	29		179	
安哥拉	591900	3.1	47.5	49000	2900	540000	
安提瓜和巴布达	90		20.5	40	10	40	
阿根廷	1491990	17.0	54.5	396990	10000	1085000	
亚美尼亚	16821		59.1	4482	568	11771	1542
阿鲁巴	20		11.1	20			
澳大利亚	3966153	-14.6	51.6	462190	3920	3500043	23780
奥地利	31545	-9.9	38.2	13540	654	17351	521
阿塞拜疆	47698		57.7	19253	2303	26142	14143
巴哈马	140	16.7	1.4	80	40	20	
巴　林	86	7.5	11.2	16	30	40	
孟加拉国	91080	-12.3	70.0	76780	8300	6000	
巴巴多斯	140	-26.3	32.6	110	10	20	
白俄罗斯	87260		43.0	55734	1200	30326	296
比利时	13365		44.1	8160	223	4982	57
伯利兹	1600	27.0	7.0	780	320	500	
贝　宁	37500	65.2	33.3	27000	5000	5500	
百慕大	3		6.0	3			
不　丹	5196	14.4	13.6	1002	124	4070	
玻利维亚	376700	6.2	34.8	44380	2320	330000	
波　黑	21580		42.1	10100	1030	10450	
博茨瓦纳	258740	-0.6	45.7	2720	20	256000	11
巴　西	2788081	15.4	33.4	760081	68000	1960000	
英属维尔京群岛	70	-12.5	46.7	10	10	50	
文　莱	144	30.9	2.7	50	60	34	
保加利亚	49950	-18.9	46.0	34790	1350	13810	
布基纳法索	123000	28.5	45.0	62000	1000	60000	
布隆迪	20330	-3.6	79.2	12000	3500	4830	
佛得角	840	23.5	20.8	550	40	250	
柬埔寨	58000	30.2	32.9	41450	1550	15000	
喀麦隆	97500	6.3	20.6	62000	15500	20000	
加拿大	652510	-3.7	7.2	459150	47360	146000	
开曼群岛	27		11.3	2	5	20	

资料来源：联合国粮农组织。

附录4-13 续表 1

国家或地区	2013年农业用地（平方公里）	比1990年农业用地增减（%）	2013年农业用地占土地总面积比重（%）	2013年耕地面积（平方公里）	2013年永久性作物面积（平方公里）	2013年牧草地面积（平方公里）	2013年农业灌溉面积（平方公里）
中非共和国	50800	1.5	8.2	18000	800	32000	
乍　得	499350	3.4	39.7	49000	350	450000	
海峡群岛	94	10.8	49.6	42		53	4
智　利	157810	-0.7	21.2	13090	4570	140150	
中　国	5145530	1.8	54.8	1063181	162060	3928340	
中国香港	51	-36.3	4.9	31	10	10	
哥伦比亚	448156	-0.6	40.4	16820	17660	413676	6506
科摩罗	1330	16.7	71.5	650	530	150	
刚　果	106270	1.0	31.1	5500	770	100000	
库克群岛	15	-75.0	6.3	10	5		
哥斯达黎加	18170	-21.2	35.6	2320	3200	12650	
科特迪瓦	206000	8.8	64.8	29000	45000	132000	
克罗地亚	13019		23.3	8764	755	3500	257
古　巴	63423	-5.9	59.6	31564	4205	27654	
塞浦路斯	1090	-32.1	11.8	799	273	18	245
捷　克	42190		54.6	31490	760	9940	180
朝　鲜	26300	4.4	21.8	23500	2300	500	
刚果民主共和国	262000	0.9	11.6	71000	9000	182000	
丹　麦	26090	-6.4	61.5	24076	64	1950	
吉布提	17020	31.0	73.4	20		17000	
多米尼加	250	38.9	33.3	60	170	20	
多米尼加共和国	23520	-7.6	48.7	8000	3550	11970	
厄瓜多尔	75140	-4.2	30.3	11940	14690	48510	9450
埃　及	37610	42.0	3.8	27380	10230		
萨尔瓦多	15820	12.2	76.4	7300	2150	6370	205
赤道几内亚	2840	-15.0	10.1	1200	600	1040	
厄立特里亚	75920		75.2	6900	20	69000	
爱沙尼亚	9660		22.8	6320	60	3280	3
埃塞俄比亚	362590		36.3	151190	11400	200000	
福克兰群岛	11198	-5.9	92.0			11198	
法罗群岛	30		2.1	30			
斐　济	4250	3.7	23.3	1650	850	1750	
芬　兰	22585	-5.6	7.4	22241	34	310	95
法　国	287737	-5.9	52.5	183057	9965	94715	
法属圭亚那	286	36.2	0.3	126	50	110	
法属波利尼西亚	455	5.8	12.4	25	230	200	
加　蓬	51600	0.1	20.0	3250	1700	46650	

附录4-13　续表 2

国家或地区	2013年农业用地（平方公里）	比1990年农业用地增减（%）	2013年农业用地占土地总面积比重（%）	2013年耕地面积（平方公里）	2013年永久性作物面积（平方公里）	2013年牧草地面积（平方公里）	2013年农业灌溉面积（平方公里）
冈比亚	6050	3.2	59.8	4400	50	1600	
格鲁吉亚	25514		36.7	4510	1600	19404	
德　国	166970	-7.4	47.9	118760	2000	46210	
加　纳	157000	24.6	69.0	47000	27000	83000	
希　腊	81370	-11.8	63.1	25470	11300	44600	
格陵兰	2359	0.2	0.6	9		2350	
格林纳达	110	-15.4	32.4	30	70	10	
瓜德罗普	552	4.2	32.7	209	33	310	
关　岛	180	-10.0	33.3	10	90	80	
危地马拉	37207	-13.2	34.7	10027	10330	16850	
几内亚	145000	2.5	59.0	31000	7000	107000	
几内亚比绍	16300	12.6	58.0	3000	2500	10800	
圭亚那	16780	-3.1	8.5	4200	280	12300	
海　地	18400	15.2	66.8	10700	2800	4900	800
洪都拉斯	32350	-2.6	28.9	10200	4550	17600	
匈牙利	53400	-17.5	59.0	44030	1780	7590	1133
冰　岛	18722	-1.5	18.7	1212		17510	
印　度	1802800	-0.6	60.6	1570000	130000	102800	
印度尼西亚	570000	26.4	31.5	235000	225000	110000	
伊　朗	461610	-24.9	28.3	148780	18060	294770	80140
伊拉克	92300		21.3	50000	2300	40000	
爱尔兰	44770	-20.7	65.0	11130	10	33630	
马恩岛	388	-2.0	68.1	219		169	
以色列	5203	-10.1	24.0	2858	945	1400	
意大利	136300	-19.1	46.3	68270	22600	45430	26010
牙买加	4440	-6.7	41.0	1200	950	2290	
日　本	45370	-20.3	12.4	42370	3000		15970
约　旦	10566	1.6	11.9	2310	836	7420	1034
哈萨克斯坦	2169941		80.4	293947	1315	1874679	
肯尼亚	276300	3.2	48.5	58000	5300	213000	
基里巴斯	340	-12.8	42.0	20	320		
科威特	1536	8.9	8.6	106	70	1360	
吉尔吉斯斯坦	105858		55.2	12760	748	92350	
老　挝	23350	40.7	10.1	14890	1690	6770	
拉脱维亚	18680		30.0	12080	60	6540	
黎巴嫩	6580	8.8	64.3	1320	1260	4000	
莱索托	22521	-3.0	74.2	2481	40	20000	12
利比里亚	27000	8.3	28.0	5000	2000	20000	

附录4-13　续表 3

国家或地区	2013年农业用地（平方公里）	比1990年农业用地增减（%）	2013年农业用地占土地总面积比重（%）	2013年耕地面积（平方公里）	2013年永久性作物面积（平方公里）	2013年牧草地面积（平方公里）	2013年农业灌溉面积（平方公里）
利比亚	153550	-0.6	8.7	17200	3350	133000	
列支敦士登	56	-20.0	35.0	26		30	
立陶宛	28914		46.1	22905	325	5684	
卢森堡	1309		50.5	625	15	669	
马达加斯加	414150	14.0	71.2	35000	6200	372950	
马拉维	57900	37.3	61.4	38000	1400	18500	
马来西亚	78390	14.5	23.9	9540	66000	2850	
马尔代夫	79	-1.3	26.3	39	30	10	
马　里	412010	28.2	33.8	64110	1500	346400	
马耳他	102	-21.3	32.0	90	13		37
马绍尔群岛	115		63.9	20	65	30	
马提尼克	385	-1.3	36.3	122	74	189	
毛里塔尼亚	397110	0.1	38.5	4500	110	392500	
毛里求斯	860	-22.5	42.4	750	40	70	190
马约特岛	122	-32.4	32.5	89	33		
墨西哥	1067050	1.5	54.9	229750	26930	810370	57940
密克罗尼西亚	220		31.4	20	170	30	
蒙　古	1133099	-9.8	72.9	5664	50	1127385	
黑　山	2231		16.6	78	47	2106	
蒙特塞拉特	30		30.0	20		10	
摩洛哥	304010	0.2	68.1	80450	13560	210000	
莫桑比克	499500	4.8	63.5	56500	3000	440000	
缅　甸	125870	20.7	19.3	107720	15090	3060	
纳米比亚	388090	0.4	47.1	8000	90	380000	
瑙　鲁	4		20.0		4		
尼泊尔	41210	-0.6	28.7	21140	2124	17950	
荷　兰	18476	-7.9	54.9	10384	361	7731	
新喀里多尼亚	1842	-20.6	10.1	62	40	1740	
新西兰	111060	-31.4	42.2	5470	710	104880	
尼加拉瓜	50650	25.8	42.1	15040	2860	32750	
尼日尔	447820	35.5	35.4	159000	1000	287820	
尼日利亚	708000	15.0	77.7	340000	65000	303000	
纽　埃	50	4.2	19.2	10	30	10	
诺福克岛	10		25.0			10	
北马里亚纳群岛	30		6.5	10	10	10	
挪　威	9872	1.1	2.7	8063	45	1764	
阿　曼	14685	36.0	4.7	460	660	1500	
巴基斯坦	362800	3.1	47.1	377	308	14000	

附录4-13　续表 4

国家或地区	2013年农业用地（平方公里）	比1990年农业用地增减（%）	2013年农业用地占土地总面积比重（%）	2013年耕地面积（平方公里）	2013年永久性作物面积（平方公里）	2013年牧草地面积（平方公里）	2013年农业灌溉面积（平方公里）
帕　劳	50		10.9	304700	8100	50000	
巴拿马	22570	6.3	30.4	10	20	20	
巴布亚新几内亚	11900	35.7	2.6	5630	1850	15090	
巴拉圭	215850	25.8	54.3	3000	7000	1900	
秘　鲁	243340	11.4	19.0	45000	850	170000	
菲律宾	124400	11.7	41.7	41550	13790	188000	
波　兰	144100	−23.3	47.1	55900	53500	15000	
葡萄牙	36420	−8.1	39.8	107920	4120	32060	4798
波多黎各	1977	−54.6	22.3	11160	7090	18170	
卡塔尔	676	10.8	5.8	610	500	867	
韩　国	17687	−18.8	18.1	141	35	500	
摩尔多瓦	24610		74.8	14958	2152	577	
留尼汪	498	−22.2	19.8	18160	2950	3500	
罗马尼亚	139050	−5.9	60.4	357	29	112	1809
俄罗斯联邦	2168400		13.2	87460	4420	47170	
卢旺达	18425	−1.9	74.7	1222400	16000	930000	
圣赫勒拿	120	20.0	30.8	11825	2500	4100	
圣基茨和尼维斯	60	−50.0	23.1	40		80	
圣卢西亚	106	−49.3	17.4	50	1	9	
圣皮埃尔和密克隆	20	−33.3	8.7	30	70	6	
圣文森特和格林纳丁斯	100	−16.7	25.6	20			
萨摩亚	350	−35.2	12.4	50	30	20	
圣马力诺	10		16.7	80	220	50	
圣多美和普林西比	487	16.0	50.7	10			
沙特阿拉伯	1732950	40.3	80.6	87	390	10	
塞内加尔	89180	0.6	46.3	30680	2270	1700000	
塞尔维亚	50690		58.0	32500	680	56000	530
塞舌尔	15	−63.0	3.3	32990	2890	14810	
塞拉利昂	39487	39.8	54.7	1	14		
新加坡	7	−66.5	0.9	15837	1650	22000	
斯洛伐克	19285		40.1	6	1		184
斯洛文尼亚	4781		23.7	13940	208	5137	20
所罗门群岛	1080	58.8	3.9	1741	270	2770	
索马里	441250	0.2	70.3	200	800	80	
南　非	968410	1.3	79.8	11000	250	430000	
南苏丹	285332			125000	4130	839280	
西班牙	269420	−11.6	53.9			257732	

附录4-13 续表 5

国家或地区	2013年农业用地（平方公里）	比1990年农业用地增减（%）	2013年农业用地占土地总面积比重（%）	2013年耕地面积（平方公里）	2013年永久性作物面积（平方公里）	2013年牧草地面积（平方公里）	2013年农业灌溉面积（平方公里）
斯里兰卡	27400	17.1	43.7	125700	49690	94030	
巴勒斯坦	2620	-30.1	43.5	13000	10000	4400	
苏　丹	1088153			172200	1453	914500	
苏里南	832	-5.5	0.5	600	60	172	
斯威士兰	12220	-1.3	71.0	1750	150	10320	
瑞　典	30479	-10.7	7.5	25960	90	4429	
瑞　士	15257	-5.0	38.6	4037	246	10974	
叙利亚	139210	3.2	75.8	46620	10710	81880	13100
塔吉克斯坦	48750		34.8	8600	1400	38750	
泰　国	221100	3.4	43.3	168100	45000	8000	
马其顿	12600		50.0	4130	370	8100	
东帝汶	3800	19.5	25.6	1550	750	1500	
多　哥	38200	19.7	70.2	26500	1700	10000	
托克劳群岛	6	20.0	60.0		6		
汤　加	310	-3.1	43.1	160	110	40	
特立尼达和多巴哥	540	-29.9	10.5	250	220	70	
突尼斯	99430	15.0	64.0	28530	22760	48140	3920
土耳其	384230	-3.2	49.9	205740	32320	146170	52150
土库曼斯坦	338380		72.0	19400	600	318380	
特克斯和凯科斯群岛	10		1.1	10			
图瓦卢	18	-10.0	60.0		18		
乌干达	144150	20.5	71.9	69000	22000	53150	106
乌克兰	412750		71.2	325260	8940	78560	21650
阿拉伯联合酋长国	3823	34.1	4.6	375	398	3050	476
英　国	172502	-5.2	71.3	62654	449	109399	
坦桑尼亚	396500	23.9	44.8	135000	21500	240000	
美　国	4054370	-5.0	44.3	1518370	26000	2510000	
美属维尔京群岛	40	-60.0	11.4	10	10	20	
乌拉圭	143630	-3.7	82.1	23240	390	120000	
乌兹别克斯坦	267700		62.9	44000	3700	220000	
瓦努阿图	1870	23.0	15.3	200	1250	420	
委内瑞拉	216000	-1.2	24.5	27000	7000	182000	
越　南	108737	61.7	35.1	64095	38222	6420	
瓦利斯和富图纳群岛	60		42.9	10	50		
西撒哈拉	50040		18.8	40		50000	
也　门	235460	-0.3	44.6	12480	2980	220000	
赞比亚	237360	14.1	31.9	37000	360	200000	
津巴布韦	162000	24.5	41.9	40000	1000	121000	

附录五、主要统计指标解释

主要统计指标解释

一、自然状况

平均气温 气温指空气的温度，我国一般以摄氏度为单位表示。气象观测的温度表是放在离地面约1.5米处通风良好的百叶箱里测量的，因此，通常说的气温指的是离地面1.5米处百叶箱中的温度。计算方法：月平均气温是将全月各日的平均气温相加，除以该月的天数而得。年平均气温是将12个月的月平均气温累加后除以12而得。

年平均相对湿度 相对湿度指空气中实际水气压与当时气温下的饱和水气压之比，通常以(%)为单位表示。其统计方法与气温相同。

全年日照时数 日照时数指太阳实际照射地面的时数，通常以小时为单位表示。其统计方法与降水量相同。

全年降水量 降水量指从天空降落到地面的液态或固态(经融化后)水，未经蒸发、渗透、流失而在地面上积聚的深度，通常以毫米为单位表示。计算方法：月降水量是将该全月各日的降水量累加而得。年降水量是将该年12个月的月降水量累加而得。

二、水环境

水资源总量 一定区域内的水资源总量指当地降水形成的地表和地下产水量，即地表径流量与降水入渗补给量之和，不包括过境水量。

地表水资源量 指河流、湖泊、冰川等地表水体中由当地降水形成的、可以逐年更新的动态水量，即天然河川径流量。

地下水资源量 指当地降水和地表水对饱水岩土层的补给量。

地表水与地下水资源重复计算量 指地表水和地下水相互转化的部分，即在河川径流量中包括一部分地下水排泄量，地下水补给量中包括一部分来源于地表水的入渗量。

供水总量 指各种水源工程为用户提供的包括输水损失在内的毛供水量。

地表水源供水量 指地表水体工程的取水量，按蓄、引、提、调四种形式统计。从水库、塘坝中引水或提水，均属蓄水工程供水量；从河道或湖泊中自流引水的，无论有闸或无闸，均属引水工程供水量；利用扬水站从河道或湖泊中直接取水的，属提水工程供水量；跨流域调水指水资源一级区或独立流域之间的跨流域调配水量，不包括在蓄、引、提水量中。

地下水源供水量 指水井工程的开采量，按浅层淡水、深层承压水和微咸水分别统计。城市地下水源供水量包括自来水厂的开采量和工矿企业自备井的开采量。

其他水源供水量 包括污水处理再利用、集雨工程、海水淡化等水源工程的供水量。

用水总量 指分配给用户的包括输水损失在内的毛用水量。按用户特性分为农业、工业、生活和生态用水四大类。

农业用水 包括农田灌溉和林牧渔业用水。林牧渔业用水指林果地灌溉、草地灌溉和鱼塘补水。

工业用水 指工矿企业在生产过程中用于制造、加工、冷却、空调、净化、洗涤等方面的用水，按新水取用量计，不包括企业内部的重复利用水量。

生活用水 包括城镇生活用水和农村生活用水。城镇生活用水由居民用水和公共用水(含服务业、餐饮业、货运邮电业及建筑业等用水)组成；农村生活用水除居民生活用水外，还包括畜用水在内。

生态用水 仅包括城市环境用水和部分河湖、湿地的人工补水。

工业废水排放量 指报告期内经过企业厂区所有排放口排到企业外部的工业废水量。包括生产废水、外排的直接冷却水、超标排放的矿井地下水和与工业废水混排的厂区生活污水，不包括外排的间接冷却水(清污不分流的间接冷却水应计算在废水排放量内)。

化学需氧量(COD) 测量有机和无机物质化学分解所消耗氧的质量浓度的水污染指数。

三、海洋环境

较清洁海域 符合国家海水水质标准中二类海水水质的海域，适用于水产养殖区、海水浴场、人体直接接触海水的海上运动或娱乐区、以及与人类食用直接有关的工业用水区。

轻度污染海域 符合国家海水水质标准中三类海水水质的海域，适用于一般工业用水区。

中度污染海域 符合国家海水水质标准中四类海水水质的海域，仅适用于海洋港口水域和海洋开发作业区。

严重污染海域 劣于国家海水水质标准中四类海水水质的海域。

四、大气环境

工业废气排放量 指报告期内企业厂区内燃料燃烧和生产工艺过程中产生的各种排入大气的含有污染物的气体的总量，以标准状态(273K,101325Pa)计算。测算公式为：

$$\text{工业废气排放量} = \text{燃料燃烧过程中的废气排放量} + \text{生产工艺过程中的废气排放量}$$

二氧化硫排放量 指报告期内企业在燃料燃烧和生产工艺过程中排入大气的二氧化硫总质量。工业中二氧化硫主要来源于化石燃料(煤、石油等)的燃烧，还包括含硫矿石的冶炼或含硫酸、磷肥等生产的工业废气排放。取自环保部门环境统计年报。

氮氧化物排放量 指报告期内企业在燃料燃烧和生产工艺过程中排入大气的氮氧化物总质量。

烟(粉)尘排放量 指报告期内企业在燃料燃烧和生产工艺过程中排入大气的烟尘及工业粉尘的总质量之和。烟尘或工业粉尘排放量可以通过除尘系统的排风量和除尘设备出口烟尘浓度相乘求得。

工业废气治理设施数 指报告期末企业用于减少在燃料燃烧过程与生产工艺过程中排向大气的污染物或对污染物加以回收利用的废气治理设施总数，以一个废气治理系统为单位统计。包括除尘、脱硫、脱硝及其它的污染物的烟气治理设施。已报废的设施不统计在内。锅炉中的除尘装置属于“三同时”设备，应统计在内。取自环保部门环境统计年报。

工业废气治理设施处理能力 指报告期末企业实有的废气治理设施的实际废气处理能力。取自环保部门环境统计年报。

五、固体废物

工业固体废物产生量 指报告期内企业在生产过程中产生的固体状、半固体状和高浓度液体状废弃物的总量,包括危险废物、冶炼废渣、粉煤灰、炉渣、煤矸石、尾矿、放射性废物和其他废物等;不包括矿山开采的剥离废石和掘进废石(煤矸石和呈酸性或碱性的废石除外)。酸性或碱性废石指采掘的废石其流经水、雨淋水的PH值小于4或PH值大于10.5者。

危险废物 指列入国家危险废物名录或者根据国家规定的危险废物鉴别标准和鉴别方法认定的,具有爆炸性、易燃性、易氧化性、毒性、腐蚀性、易传染性疾病等危险特性之一的废物。

工业固体废物综合利用量 指报告期内企业通过回收、加工、循环、交换等方式,从固体废物中提取或者使其转化为可以利用的资源、能源和其他原材料的固体废物量(包括当年利用的往年工业固体废物贮存量)。如用做农业肥料、生产建筑材料、筑路等。综合利用量由原产生固体废物的单位统计。

工业固体废物综合利用率 指工业固体废物综合利用量占固体废物产生量的百分率。计算公式为:

$$\text{工业固体废物综合利用率}=\frac{\text{工业固体废物综合利用量}}{\text{工业固体废物产生量}+\text{综合利用往年贮存量}}\times 100\%$$

工业固体废物贮存量 指报告期内企业以综合利用或处置为目的,将固体废物暂时贮存或堆存在专设的贮存设施或专设的集中堆存场所内的数量。专设的固体废物贮存场所或贮存设施必须有防扩散、防流失、防渗漏、防止污染大气、水体的措施。

工业固体废物处置量 指报告期内企业将固体废物焚烧或者最终置于符合环境保护规定要求的场所,并不再回取的工业固体废物量(包括当年处置往年的工业固体废物贮存量)。处置方式有填埋(其中危险废物应安全填埋)、焚烧、专业贮存场(库)封场处理、深层灌注、回填矿井及海洋处置(经海洋管理部门同意投海处置)等。

工业固体废物排放量 指报告期内企业将所产生的固体废物排到固体废物污染防治设施、场所以外的量。不包括矿山开采的剥离废石和掘进废石(煤矸石和呈酸性或碱性的废石除外)。

六、生态环境

自然保护区 指对有代表性的自然生态系统、珍稀濒危野生动植物物种的天然分布区、水源涵养区、有特殊意义的自然历史遗迹等保护对象所在的陆地、陆地水体或海域,依法划出一定面积进行特殊保护和管理的区域。以县及县以上各级人民政府正式批准建立的自然保护区为准。风景名胜区、文物保护区不计在内。

湿地 指天然或人工、长久或暂时性的沼泽地、泥炭地或水域地带,包括静止或流动、淡水、半咸水、咸水体,低潮时水深不超过6米的水域以及海岸地带地区的珊瑚滩和海草床、滩涂、红树林、河口、河流、淡水沼泽、沼泽森林、湖泊、盐沼及盐湖。

七、土地利用

土地调查面积 指行政区域内的土地调查总面积,包括农用地、建设用地和未利用地。

八、林业

森林面积 指由乔木树种构成,郁闭度0.20以上(含0.20)的林地或冠幅宽度10米以上的林带的面积,即有林地面积。它是反映森林资源总面积的重要指标。森林面积包括天然起源和人工起源的针叶林面积、阔叶林面积、针阔混交林面积和竹林面积,不包括灌木林地面积和疏林地面积。

人工林面积 指由人工播种、植苗或扦插造林形成的生长稳定,(一般造林3-5年后或飞机播种5-7年后)每公顷保存株数大于或等于造林设计植树株数80%或郁闭度0.20以上(含02.0)的林分面积。

森林覆盖率 指以行政区域为单位森林面积占区域土地总面积的百分比。计算公式:

$$森林覆盖率=\frac{森林面积}{土地总面积}\times 100\%$$

活立木总蓄积量 指一定范围土地上全部树木蓄积的总量,包括森林蓄积、疏林蓄积、散生木蓄积和四旁树蓄积。

森林蓄积量 指一定森林面积上存在着的林木树干部分的总材积，以立方米为计算单位。它是反映一个国家或地区森林资源总规模和水平的基本指标之一。它说明一个国家或地区林业生产发展情况，反映森林资源的丰富程度，也是衡量森林生态环境优劣的重要依据。

造林面积 指在宜林荒山荒地、宜林沙荒地、无立木林地、疏林地和退耕地等其它宜林地上通过人工措施形成或恢复森林、林木、灌木林的过程。

人工造林 指在宜林荒山荒地、宜林沙荒地、无立木林地、疏林地和退耕地等其它宜林地上通过播种、植苗和分植来提高森林植被覆被率的技术措施。

飞播造林 通过飞机播种，为宜林荒山荒地、宜林沙荒地、其它宜林地、疏林地补充适量的种源，并辅以适当的人工措施，在自然力的作用下使其形成森林或灌草植被，提高森林植被覆被率的技术措施。

新封山育林 对宜林地、无立木林地、疏林地或低质低效有林地、灌木林地实施封禁并辅以人工促进手段，使其形成森林或灌草植被或提高林分质量的一项技术措施。包括无林地和疏林地封育以及有林地和灌木林地封育。

退化林修复 为改善林分的活力和结构，有效遏制防护林退化，提高林分质量和恢复森林功能，对结构失调和稳定性降低、功能退化甚至丧失且自然更新能力弱的林分采取的结构调整、树种替换、补植补播、嫁接复壮等经营措施。

更新造林 指在采伐迹地、火烧迹地、林中空地上通过人工造林重新形成森林的过程。包括通过松土除草、平茬或断根复壮、补植补播、除蘖间苗等措施促进目的树种幼苗幼树生长发良的人工促进天然更新。

用材林 指以生产木材为主要目的的森林和林木，包括以生产竹材为主要目的的竹林。

经济林 指以生产果品，食用油料、饮料、调料，工业原料和药材为主要目的的林木。经济林是人们为了取得林木的果实、叶片、皮层、胶液等产品作为工业原料或者供食用所营造的林木，如油茶、油桐、核桃、樟树、花椒、茶、桑、果等。

防护林 指以防护为主要目的的森林、林木和灌木丛。包括水源涵养林，水土保持林，防风固沙林，农田、牧场防护林，护岸林，护路林等。

薪炭林 指以生产燃料为主要目的的林木。

特种用途林 指以国防、环境保护、科学实验等为主要目的的森林和林木。包括国防林、实验林、母树林、环境保护林、风景林,名胜古迹和革命纪念地的林木,自然保护区的森林。

三北和长江流域等重点防护林体系建设工程 三北和长江中下游地区等重点防护林体系建设工程,是我国涵盖面最大、内容最丰富的防护林体系建设工程。具体包括三北防护林四期工程、长江中下游及淮河太湖流域防护林二期工程、沿海防护林二期工程、珠江防护林二期工程、太行山绿化二期工程和平原绿化二期工程。主要解决三北地区的防沙治沙问题和其他区域各不相同的生态问题。

野生动植物保护及自然保护区建设工程 野生动植物保护及自然保护区建设工程,是一个面向未来,着眼长远,具有多项战略意义的生态保护工程,也是呼应国际大气候、树立中国良好国际形象的"外交工程"。主要解决基因保存、生物多样性保护、自然保护、湿地保护等问题。

九、自然灾害及突发事件

滑坡 指斜坡上不稳定的岩土体在重力作用下沿一定软面(或滑动带)整体向下滑动的物理地质现象。地表水和地下水的作用以及人为的不合理工程活动对斜坡岩、土体稳定性的破坏,经常是促使滑坡发生的主要因素。在露天采矿、水利、铁路、公路等工程中,滑坡往往造成严重危害。

崩塌 指陡坡上大块的岩土体在重力作用下突然脱离母体崩落的物理地质现象。它可因多裂隙的岩体经强烈的物理风化、雨水渗入或地震而造成,往往毁坏建筑物,堵塞河道或交通路线。

泥石流 指山地突然爆发的包含大量泥沙、石块的特殊洪流称为泥石流,多见于半干旱山地高原地区。其形成条件是地形陡峻,松散堆积物丰富,有特大暴雨或大量冰融水的流出。

地面塌陷 指地表岩、土体在自然或人为因素作用下向下陷落,并在地面形成塌陷坑(洞)的一种动力地质现象。由于其发育的地质条件和作用因素的不同,地面塌陷可分为:岩溶塌陷、非岩溶塌陷。

突发环境事件 指突然发生，造成或可能造成重大人员伤亡、重大财产损失和对全国或者某一地区的经济社会稳定、政治安定构成重大威胁和损害，有重大社会影响的涉及公共安全的环境事件。

十、环境投资

环境污染治理投资 指在工业污染源治理和城镇环境基础设施建设的资金投入中，用于形成固定资产的资金。包括工业新老污染源治理工程投资、当年完成环保验收项目环保投资，以及城镇环境基础设施建设所投入的资金。

本年完成投资 指从本年1月1日起至本年最后一天止完成的全部投资额。本年完成投资是反映本年的实际投资规模，计算有关投资效果，进行年度国民经济平衡分析的重要指标。

十一、城市环境

年末道路长度 指年末道路长度和与道路相通的广场、桥梁、隧道的长度，按车行道中心线计算。在统计时只统计路面宽度在3.5米(含3.5米)以上的各种铺装道路，包括开放型工业区和住宅区道路在内。

城市桥梁 指为跨越天然或人工障碍物而修建的构筑物。包括跨河桥、立交桥、人行天桥以及人行地下通道等。包括永久性桥和半永久性桥。

城市排水管道长度 指所有排水总管、干管、支管、检查井及连接井进出口等长度之和。

全年供水总量 指报告期供水企业(单位)供出的全部水量。包括有效供水量和漏损水量。

用水普及率 指城市用水人口数与城市人口总数的比率。计算公式：

用水普及率=城市用水人口数/城市人口总数×100%

城市污水日处理能力 指污水处理厂(或处理装置)每昼夜处理污水量的设计能力。

供气管道长度 指报告期末从气源厂压缩机的出口或门站出口至各类用户引入管之间的全部已经通气投入使用的管道长度。不包括煤气生产厂、输配站、液化气储存站、灌瓶站、储配站、气化站、混气站、供应站等厂(站)内的管道。

全年供气总量 指全年燃气企业(单位)向用户供应的燃气数量。包括销售量和损失量。

用气普及率 指报告期末使用燃气的城市人口数与城市人口总数的比率。计算公式为:

用气普及率=城市用气人口数/城市人口总数×100%

城市供热能力 指供热企业(单位)向城市热用户输送热能的设计能力。

生活垃圾清运量 指报告期内收集和运送到垃圾处理厂(场)的生活垃圾数量。生活垃圾指城市日常生活或为城市日常生活提供服务的活动中产生的固体废物以及法律行政规定的视为城市生活垃圾的固体废物。包括:居民生活垃圾、商业垃圾、集市贸易市场垃圾、街道清扫垃圾、公共场所垃圾和机关、学校、厂矿等单位的生活垃圾。

生活垃圾无害化处理率 指报告期生活垃圾无害化处理量与生活垃圾产生量比率。在统计上,由于生活垃圾产生量不易取得,可用清运量代替。计算公式为:

$$生活垃圾无害化处理率=\frac{生活垃圾无害化处理量}{生活垃圾产生量}\times 100\%$$

年末运营车数 指年末公交企业(单位)用于运营业务的全部车辆数。以企业(单位)固定资产台账中已投入运营的车辆数为准。

城市绿地面积 指报告期末用作园林和绿化的各种绿地面积。包括公园绿地、防护绿地、生产绿地、附属绿地和其他绿地面积。

公园绿地 指向公众开放的,以游憩为主要功能,有一定的游憩设施和服务设施,同时兼有健全生态,美化景观,防灾减灾等综合作用的绿化用地。

十二、农村环境

卫生厕所 指有完整下水道系统的水冲式、三格化粪池式、净化沼气池式、多翁漏斗式公厕以及粪便及时清理并进行高温堆肥无害化处理的非水冲式公厕。

累计使用卫生公厕户数 指农民因某种原因没有兴建自己的卫生厕所,而使用村内卫生公厕户数。